Raimund Eich

100 Jahre und kein Ende

Raimund Eich lebt im Saarland.

Neben Büchern über seine Heimatstadt Neunkirchen, Tatsachenromanen, Büchern mit heiteren und besinnlichen Gedichten und Geschichten hat er einige Werke mit gesellschaftlichen und geisteswissenschaftlichen Themen veröffentlicht. Gerne lässt der Diplomingenieur der Elektrotechnik naturwissenschaftliche und technische Aspekte in sehr anschaulicher Form mit einfließen. Daraus resultieren einzigartige Bücher, spannend, dramatisch, informativ und unterhaltsam zugleich.

Raimund Eich

100 Jahre und kein Ende

ein Rückblick auf städtische und
weltgeschichtliche Ereignisse zum hundertjährigen Jubiläum der Stadt Neunkirchen

Impressum

Bibliografische Information der Deutschen Nationalbibliothek:
Die Deutsche Nationalbibliothek verzeichnet diese Publikation
in der Deutschen Nationalbibliografie; detaillierte
bibliografische Daten sind im Internet über http://dnb.dnb.de
abrufbar.

© 2022 Raimund Eich

Buchgestaltung: Raimund Eich
Fotos: Roswitha & Raimund Eich

Herstellung und Verlag: BoD – Books on Demand, Norderstedt

ISBN: 9783756222476

Inhaltsverzeichnis

Vorwort

Hundert Jahre ist sie alt geworden, die Stadt Neunkirchen, meine Heimatstadt, in der ich schon zweiundsiebzig Jahre meines Lebens verbracht habe. Nach Adam Riese zwar nur 72 Prozent der glorreichen Hundert, aber immerhin der weitaus überwiegende Teil. So gesehen bin ich als Bürger dieser Stadt sicherlich nicht nur ein Zeitzeuge in weiten Teilen der Stadtgeschichte, sondern gleichermaßen auch ein Zeuge des Weltgeschehens in diesem Zeitraum. Ich bin allerdings kein Historiker und dieses Buch ist auch kein Stadtjubiläumsbuch im engeren Sinne, mir geht es lediglich um ein chronologisches Aufzeichnen wichtiger und interessant erscheinender Ereignisse außerhalb und innerhalb der Stadtgrenzen seit der Stadtwerdung Neunkirchens. Um kurz gefasste Rückblicke eines Bürgers dieser Stadt, der vieles selbst miterlebt und erfahren hat in diesem Zeitraum. Doch so wie ich nicht nur ein Neunkircher, sondern auch Saarländer, Deutscher, Europäer und nicht zuletzt auch ein Weltbürger bin, so ist auch Neunkirchen nicht nur eine saarländische, deutsche und europäische Stadt, sondern auch eine „Weltstadt", zumindest im übertragenen Sinne. Zugegebenermaßen zwar eine ziemlich kleine, aber letztlich doch. Insofern gehören zu ihrem hundertjährigen Jubiläum meines Erachtens nicht nur Rückblicke auf das, was sich während dieser Zeit innerhalb der Stadtgrenzen, abgespielt hat, sondern auch Rückblicke auf das, was sich ansonsten in der Welt so zugetragen hat und zum Teil auch mit mehr oder weniger großen

Rückwirkungen auf unsere Stadt verbunden ist. Das gilt beispielsweise für EU- oder bundesweite Gesetze, für weltweite Entwicklungen in Forschung und Technik, für Olympische Spiele, Welt- und Europameisterschaften oder meinetwegen auch für internationale Filme, Hits und vieles mehr, die ja auch in Neunkirchen wahrgenommen werden.

Ich möchte mit diesem Buch Erinnerungen wecken an das, was in manchen Köpfen vielleicht noch irgendwo im Hintergrund abgespeichert, aber längst nicht mehr präsent ist, ohne dabei inhaltlich näher in die Tiefe zu gehen. Die Links zu entsprechenden Internetadressen in diesem Buch bieten den Lesern hierzu aber bei Bedarf oder Interesse jederzeit einen schnellen und einfachen Zugang.

Vor Ihnen liegt also ein kleines zeitgeschichtliches Kompendium, das zudem auch eigene Gedanken, Erinnerungen und Fotos enthält. Ich möchte Sie gerne mitnehmen auf eine emotionale Zeitreise hundert Jahre zurück in die Vergangenheit und freue mich sehr, dass Sie mich dabei begleiten wollen.

Raimund Eich

Vorgeschichte

Zur Geschichte der Stadtwerdung Neunkirchens ist auf der städtischen Homepage[1] ein sehr interessanter Beitrag veröffentlicht worden, den ich mit meinen Worten in Kurzform wiedergeben möchte.

Gegen Ende des 19. Jahrhunderts steht das Neunkircher Eisenwerk unter der Leitung von Karl Ferdinand Stumm in voller Blüte, was sich entsprechend positiv auf den Bedarf an Kohle auswirkt und damit auch auf die Zahl der Beschäftigten im Eisenwerk sowie im Bergbau. Daraus resultierend steigt die Einwohnerzahl Neunkirchens rasant. Karl Ferdinand Stumm macht jedoch aus übergeordneten Gründen seinen Einfluss gegen erste Bestrebungen einer Stadtwerdung geltend. Erst 1910 und damit 9 Jahre nach seinem Tod - die Einwohnerzahl ist bereits auf über 34.000 angewachsen und die Infrastruktur des Ortes hat sich dementsprechend massiv verändert – wird ein Antrag an den preußischen Innenminister zum Erwerb der Stadtrechte für Neunkirchen auf den Weg gebracht. Das mit der Antragsprüfung betraute Landratsamt in Ottweiler lehnt den Antrag jedoch ab, unter anderem auch im Hinblick auf die ablehnende Haltung der Gebrüder Stumm GmbH sowie von Vertretern aus dem Bergbaubereich. Durch den Ausbruch des 1. Weltkrieges im Jahr 1914 liegen entsprechende Bestrebungen in den darauf folgenden Jahren auf Eis, bis 1919 nach der Unterzeichnung des Versailler Friedensvertrages unter französischer Besatzung eine Verwaltungsreform erfolgt, die für Spiesen und Elversberg die Loslösung von der Bürgermeisterei Neunkirchen ermöglicht, während Neunkirchen, Niederneunkirchen, Kohlhof und

Wellesweiler als vereinigte Gemeinde Ende 1921 Stadt-rechte beantragen. Diese treten nach Bestätigung durch den Präsidenten der Regierungskommission zum 1. April 1922 in Kraft. So wird aus dem ehemals größten preußischen Dorf die Stadt Neunkirchen.

Die Zwanziger Jahre[2]

Infolge der Niederlage im 1. Weltkrieg wird die Verwaltung des Saargebiets[3] ab 1920 für fünfzehn Jahre dem Völkerbund unter Leitung einer international besetzten Regierungskommission unterstellt, bleibt aber völkerrechtlich Teil des Deutschen Reichs.

Die Zwanziger Jahre sind als die Goldenen Zwanziger bekannt, die eine wirtschaftliche Blütezeit in vielen Industrieländern zur Folge haben. In Deutschland wird die konstitutionelle Monarchie und damit das Kaiserreich von einer parlamentarischen Demokratie, der Weimarer Republik abgelöst. Unter Reichspräsident Friedrich Ebert wird das Lied der Deutschen zur Nationalhymne des Deutschen Reiches.

Unter Benito Mussolini beginnt mit dem Marsch auf Rom der Faschismus in Italien. Mustafa Kemal Atatürk wird als Gründer der Türkischen Republik gefeiert und nach dem Sieg der Bolschewisten im Russischen Bürgerkrieg erfolgt im Dezember 1922 die Gründung der Union der Sozialistischen Sowjetrepubliken, die auch als Sowjetunion bezeichnet wird.

Zur Bekämpfung einer Hyperinflation wird 1923 die Rentenmark in Deutschland eingeführt. Ein Foto mit Inflationsgeld aus den Zwanzigern ist auf der nächsten Seite zu sehen.

Inflationsgeld aus den Zwanziger Jahren

In Österreich wird 1924 im Rahmen einer Währungsreform die Krone durch den Schilling ersetzt.

1926 werden die Deutsche Lufthansa, die Daimler Benz AG und die IG Farben AG gegründet. Rewe und das Versandhaus Quelle folgen ein Jahr später.

Der Bubikopf, eine Kurzhaarfrisur für Frauen und Mädchen, kommt in Mode. Wissenschaftler stellen fest, dass sich das Universum ausdehnt und Albert Einstein erhält 1921 den Nobelpreis für Physik. Edwin Hubble beweist die Existenz von Himmelskörpern außerhalb unserer Milchstraße und Georges Lemaître präsentiert seine These vom Beginn des Universums mit einem Urknall, die als Urknalltheorie bezeichnet wird.

Das Grab des Pharaos Tutanchamun wird von Howard Carter entdeckt. MAN entwickelt als erstes einen Lkw als Straßenfahrzeug mit Dieselmotor.

Am 25. Oktober 1929 kommt es zu dramatischen Kursverlusten an der New Yorker Börse. Als Folge des so genannten Schwarzen Freitags wird eine Weltwirtschaftskrise ausgelöst. Irland wird unabhängig und Charles Lindbergh überquert in einem rund 33stündigen Non Stopp Flug mit seiner Spirit of St. Louis den Atlantik von New York nach Paris.

Der Schriftsteller Erich Maria Remarque veröffentlicht mit seinem Buch *Im Westen nichts Neues* einen Bestseller. Große Literatur publizieren unter anderem auch F. Scott Fitzgerald mit *Der große Gatsby*, Hermann Hesse mit *Siddharta und* Thomas Mann mit *Der Zauberberg*.

Das beliebte Buch *Winnie-the-Pooh*, die Comicfiguren *Tim und Struppi* des belgischen Zeichners Hergé und Popeye der Seemann sind ebenfalls Kinder der 20er Jahre. Maler wie Pablo Picasso mit seinem Bild *Drei Musikanten,* Paul Klee mit *Hauptweg und Nebenwege* und Max Beckmann mit *Selbstbildnis im Smoking* machen auf sich aufmerksam.

Unter zahlreichen Filmen bleiben insbesondere *Nosferatu - Eine Symphonie des Grauens, Goldrausch* mit Charlie Chaplin, *Panzerkreuzer Potemkin* und *Metropolis* in Erinnerung.

Jazz, Swing und Schlager beherrschen die Musikszene, die Salzburger Festspiele werden gegründet, Die *Rhapsody in Blue* von George Gershwin wird uraufgeführt ebenso wie die Dreigroschenoper von Kurt Weill und Bertolt Brecht in Berlin.

Die BBC wird gegründet und der Deutsche Rundfunk offiziell gestartet. 1925 erfolgt erstmals die Liveübertragung eines Fußballspiels im Rundfunk. Die NBC nimmt ein Jahr später in den USA den Sendebetrieb auf. Erste deutsche Fernsehversuchssendungen werden auf der 5. Großen Deutschen Funkausstellung vorgeführt. Das Hörspiel *SOS ... rao rao ... Foyn über die* authentische Rettungsaktion des in der Arktis in Not geratenen Luftschiffs Italia feiert Hörfunkpremiere und gilt als die älteste komplett überlieferte Hörspielproduktion der deutschen Rundfunkgeschichte.

1923 erfolgt die Einweihung des Wembley Stadions in London. Vier Jahre später werden der Sachsenring und der Nürburgring für die Veranstaltung von Autorennen eingeweiht und im Jahr darauf durchschwimmt Richard Halliburton als erster Mensch den etwa 82 Kilometer langen Panamakanal in voller Länge.

++++++

In die frisch gekürte Stadt Neunkirchen[4] werden, wie bereits erwähnt, die bis dahin eigenständigen Gemeinden Kohlhof mit Furpach, Niederneunkirchen und Wellesweiler eingegliedert. Hermann Ludwig als erster Bürgermeister der Stadt wird 1926 von Georg Blank abgelöst. Im gleichen Jahr wird der Zoologische Garten am Jedermannsbrunnen eröffnet und 1924 der Omnibusbetrieb[5] in der Stadt aufgenommen.

Einkäufe und Rechnungen bezahlt man während der Völkerbundverwaltung des Saargebiets in Französischen Franc.

1920 kommen zu einem Freundschaftsspiel von Borussia Neunkirchen[6] gegen den ungarischen Club MTK Budapest, das die Borussen mit 3:2 gewinnen, erstmals über 10.000 Besucher ins Ellenfeldstadion[7]. Ein Jahr später bekommt das Ellenfeld eine Holztribüne nach englischem Muster mit Platz für 4.000 Zuschauer, die bereits sieben Jahr später wieder abbrennt.

Von 1920/21 bis 1923/24 werden die Borussen gleich vier Mal hintereinander Meister der regionalen Liga und 1922 sogar süddeutscher Vizemeister. Im Endspiel unterliegen sie allerdings dem FC Wacker München mit 1:2 nach Verlängerung. 1927 werden sie Vizemeister hinter dem FV Saarbrücken und 1928 erneut Bezirksligameister. In der anschließenden süddeutschen Meisterschaftsrunde sind sie jedoch chancenlos und werden Letzter.

Die Dreißiger Jahre[8]

Die Weltwirtschaftskrise nach dem New Yorker Börsencrash im Oktober 1929 löst in den Dreißigern einen starken Rückgang der Industrieproduktion, des Welthandels, der internationalen Finanzströme, eine Deflationsspirale, die Zahlungsunfähigkeit vieler Unternehmen und große Arbeitslosigkeit aus. Im Bild unten ist deutsches und französisches Münzgeld als Zahlungsmittel in den Dreißigern zu sehen.

1933 erfolgt in Deutschland die Machtübernahme durch die NSDAP. Das nationalsozialistische Deutschland hat 1936 die Weltwirtschaftskrise in wichtigen Punkten überwunden und erreicht als eines der ersten Länder wieder Vollbeschäftigung.

Um den Gran Chaco, ein menschenleeres und wirtschaftlich uninteressantes Gebiet zwischen Bolivien und Paraquay, entbrennt von 1932 bis 1935 der so genannte Chacokrieg, aus dem das kleine Paraquay als Sieger hervorgeht. In Spanien tobt von 1936 – 1939 ein Bürgerkrieg, ausgelöst von rechtsgerichteten Putschisten unter Führung von General Franco. 1937 beginnt der zweite Japanisch-Chinesische Krieg mit einer Invasion japanischer Streitkräfte in China. Otto Hahn liefert 1938 mit einer Kernspaltung des Uran-Atoms die wissenschaftlichen und technischen Grundlagen zur Nutzung der Kernenergie.

Am 1. September 1939 beginnt mit Deutschlands Überfall auf Polen der 2. Weltkrieg. Unter der Herrschaft der Nationalsozialisten wird der Ausbau der Reichsautobahnen forciert und der Volksempfänger, ein Radiogerät für den Empfang von Mittelwellen- und Langwellenrundfunk, entwickelt.

Unter dem Markennamen TRIX werden Metall-baukästen und Modelleisenbahnen in Miniaturgröße entwickelt. Bei den Olympischen Spielen 1936 in Berlin gewinnt der US-Amerikaner Jesse Owens in drei Sprintdisziplinen sowie im Weitsprung und damit gleich vier Goldmedaillen.

Big Band, Jazz und Swing beherrschen in den Dreißigern die Musikszene. Musiker wie Louis Armstrong, Count Basie und Benny Goodman erlangen Weltruhm ebenso Angst und Schrecken verbreitende Kriminelle wie Al Capone, Bonnie und Clyde oder John Dillinger.

Horror-, Gangster- und NS-Propagandafilme neben Filmen von Charlie Chaplin oder Laurel & Hardy (Dick & Doof) dominieren in den Kinos. Während *King Kong,*

Frankenstein und *Graf Dracula* das Blut in den Adern gefrieren lassen, erobern *Schneewittchen und die sieben Zwerge,* der erste abendfüllende Zeichentrickfilm aus den Walt Disney Studios, die Herzen der Zuschauer. Filme wie *Der blaue Engel* mit Marlene Dietrich, *Die Drei von der Tankstelle* mit Heinz Rühmann oder *Hitlerjunge Quex* feiern nationale Erfolge, während internationale Filme wie *Im Westen nichts Neues, Robin Hood* oder die *Meuterei auf der Bounty* vielen noch heute ein Begriff sind.

++++++

Bei einer verheerenden Gasometerexplosion[9] explodiert in Neunkirchen am 10. Februar 1933 der 72 Meter hohe Gasometer zur Speicherung von Kokereigas. Bei dem Unglück kommen 68 Menschen ums Leben und etwa 190 werden zum Teil schwer verletzt. Große Teile des Hüttenareals sowie zahlreiche Wohnhäuser in der unmittelbaren Umgebung werden durch die Wucht der Explosion völlig zerstört. Fast in der gesamten Innenstadt gehen Fensterscheiben zu Bruch. An der Trauerfeier für die Opfer nehmen auch ranghohe Vertreter des Deutschen Reichs wie Vizekanzler Franz von Papen und Reichsarbeitsminister Franz Seldte teil.

Das Saargebiet[3] ist nach der Niederlage des Deutschen Reichs im 1. Weltkrieg bis 1935 Mandatsgebiet des Völkerbundes und steht unter fremder Verwaltung. Wirtschaftlich und politisch ist es an Frankreich angebunden und damit nicht mehr Teil des Deutschen Reiches. Nach dem Volksentscheid am 13. Januar 1935, auch Saarabstimmung genannt, bei der sich fast 91 Prozent der Bevölkerung im Abstimmungsgebiet für eine Rückgliederung nach Deutschland entscheiden, wird das Saargebiet wieder ins Deutsche Reich integriert.

Die Hüttenbergstraße in Neunkirchen wird ein Jahr nach dem Volksentscheid am 13. Januar 1935, in Straße des 13. Januar umbenannt.

Die Bäckerei meines Großvaters in der Hüttenbergstraße 61

Die Vierziger Jahre[10]

Die erste Hälfte der Vierziger Jahre wird vom 2. Weltkrieg dominiert. Weltweit sterben etwa 60 Millionen Menschen, zu denen auch die Opfer grausamer Völkermorde an Juden, Sinti und Roma zählen. Am 8. Mai 1945 endet der zweite Weltkrieg mit der bedingungslosen Kapitulation Deutschlands, das von den Alliierten in vier Besatzungszonen eingeteilt wird. Weit über zwölf Millionen Menschen werden aus den ehemaligen deutschen Ostgebieten vertrieben, die größte Bevölkerungsbewegung der Weltgeschichte. Die Nachkriegszeit ist insbesondere davon geprägt, die staatliche Ordnung, die Infrastruktur und die Wirtschaft wiederzubeleben und die durch den Krieg entstandenen Schäden zu beheben. Hunger, Not, Mangel und Knappheit in allen Bereichen sind die vorherrschenden Lebensbedingungen für die Bevölkerung. Die so genannten Trümmerfrauen leisten einen erheblichen Beitrag zum Wiederaufbau.

Nach Ende des 2. Weltkriegs wird das Saarland[11] Teil der französischen Besatzungszone. Frankreich gliedert es anschließend daraus aus und entzieht es damit der Zuständigkeit des Alliierten Kontrollrates. Eine vollständige Annexion des Gebietes an der Saar durch Frankreich verhindern insbesondere die Vereinigten Staaten, das Vereinigte Königreich Großbritannien und Nordirland sowie die Sowjetunion. Es kommt zur Bildung einer eigenen saarländischen Staatsregierung und der Inkraftsetzung einer Verfassung des Saarlandes am 15. Dezember 1947 mit dem ursprünglichen Ziel der Schaffung eines formell autonomen Saarstaates.

Der so genannte Kalte Krieg zwischen der NATO im Westen und dem Warschauer Pakt im Osten beginnt, der eine gigantische militärische Aufrüstung auf beiden Seiten auslöst. Die Berlinblockade durch die Sowjetunion, der Westteil der Stadt liegt als Enklave komplett innerhalb der sowjetischen Besatzungszone (SBZ), lässt eine Versorgung über Land- und Wasserverbindungen nicht mehr zu. Die Westalliierten reagieren darauf mit der Berliner Luftbrücke und einer Gegenblockade, worauf die Sowjetunion ihre Blockade wieder aufhebt, ohne ihre Ziele erreicht zu haben.

Eine weltweite Dekolonialisierung beginnt 1947 in Indien und 1949 in Indonesien. 1948 wird der Staat Israel gegründet und infolgedessen der erste Palästinakrieg ausgelöst.

Die Gründung der Bundesrepublik Deutschland (BRD) erfolgt am 23. Mai 1949. Knapp fünf Monate später, am 7. Oktober 1949, wird die Deutsche Demokratische Republik (DDR) gegründet.

Der Norweger Thor Heyerdahl überquert 1947 mit seinem Floß *Kon Tiki* den Pazifik. *Das Tagebuch der Anne Frank* wird veröffentlicht und offenbart das grauenvolle Schicksal vieler Juden im 2. Weltkrieg. Der *Bebop* löst den *Swing* als stilgebende Richtung im Jazz ab.

Als erster elektronischer Universalrechner geht der Electronic Numerical Integrator and Computer (ENIAC), der der US-Armee zur Berechnung ballistischer Tabellen dient, in die Geschichte ein.

In den Kinos begeistern Filme wie *Citizen Cane, Der dritte Mann, Cocktail für eine Leiche* oder *Arsen und Spitzenhäubchen*. Oscargewinner werden 1940 *Vom*

Winde verweht mit Clark Gable und 1944 *Casablanca* mit Humphrey Bogart in den Hauptrollen. Das deutsche Filmpublikum liebt nationale Filme wie *Große Freiheit Nr. 7* und *Münchhausen* mit Hans Albers sowie *Quax der Bruchpilot* oder *Die Feuerzangenbowle* mit Heinz Rühmann.

++++++

Zahlungsmittel im autonomen Saarland ist bis 1956 und von 1957 bis Juli 1959 im zehnten deutschen Bundesland der Französische Francs. Die französischen Münzen werden 1954/55 durch eigene saarländische Prägungen ergänzt, stellen aber als so genannte „Saar-Franken" in Münzform rechtlich keine eigene Währung dar.

Nur ein paar Wochen vor Kriegsende, am 15. März 1945, werden bei schweren Bombenangriffen etwa 78 Prozent der Innenstadt Neunkirchens zerstört. Unmittelbar nach Kriegsende beginnt der Wiederaufbau, auch für das zerstörte Streckennetz der städtischen Verkehrsbetriebe[12], der vier Jahre später abgeschlossen werden kann.

Hans Ruppersberg leitet nach Kriegsende bis 1946 als Bürgermeister die Geschicke der Stadt Neunkirchen. Ihm folgt Friedrich Brokmeier als Stadtoberhaupt.

Eduard Senz, der Sense-Eduard, arbeitet als Dienstmann Nr. 2 und Kofferträger auf dem Bahnhof. Er ist für seine originelle Art, in der er seine Mitmenschen zu Anstand und Höflichkeit anzuhalten pflegt, als Neunkircher Original bekannt. In der NS-Tötungsanstalt

Hadamar fällt er 1941 den grauenvollen Euthanasie-verbrechen der Nazis zum Opfer.

Nach Wiederaufnahme des Spielbetriebs im Fußball werden die Borussen, die diesen Namen vorübergehend nicht mehr führen dürfen, als VfB Neunkirchen Dritter der späteren Oberliga Südwest. Nach der Abtrennung des Saargebietes von Deutschland müssen sie 1948 diese Liga verlassen, um in einer Saarland-Liga unter französischer Flagge zu spielen. Die Neunkircher werden Meister, dürfen aber nicht in die französische Division 2 aufsteigen.

Die Fünfziger Jahre[13]

In Korea tobt von 1950 - 1953 ein blutiger Krieg zwischen Nordkorea, das von der Volksrepublik China unterstützt wird, gegen Südkorea und Truppen der Vereinten Nationen unter Führung der USA. Ein Jahr länger dauert der seit 1946 tobende Indochinakrieg zwischen Frankreich und den Viêt Minh, der Liga für die Unabhängigkeit Vietnams. Der ungarische Volksaufstand wird durch den Einmarsch sowjetischer Truppen niedergeschlagen und in Kuba stürzen Fidel Castro und Che Guevara den kubanischen Diktator Fulgencio Batista.

Die Russen beginnen 1957 mit Sputnik, dem ersten Satelliten, den Wettlauf um die Eroberung des Weltalls. In England wird Elisabeth II. 1952 zur Königin des Vereinigten Königreichs Großbritannien und Nordirland gewählt.

In Deutschland sind immer noch viele Spuren zu beseitigen, die der 2. Weltkrieg hinterlassen hat. Der Wiederaufbau ist in vollem Gange und das so genannte Wirtschaftswunder nimmt als zartes Pflänzchen jeden Tag mehr Gestalt an. Das Saarland wird 1957 als zehntes Bundesland in die Bundesrepublik Deutschland integriert.

Der so genannten „Fress- und Saufwelle", durchaus nachvollziehbar nach vielen Hungerjahren während des Krieges und in der Nachkriegszeit, verfallen immer mehr Bundesbürger. Der Siegeszug von Schnellrestaurants beginnt 1955 mit der Gründung der Restaurantkette Wienerwald. Die Bundesbürger sitzen abends und an

Sonn- und Feiertagen in der guten, mit Blumenmustern tapezierten Stube auf dem Sofa oder in Cocktailsesseln am Nierentisch und hören Musik oder Hörspiele im Radio. Nur wenige besitzen schon einen Fernseher, der ohnehin nur für ein paar Stunden am Tag ein Programm in schwarz-weiß ausstrahlt. Besonders beliebt sind die Samstagabende mit Übertragungen aus dem *Millowitsch-Theater* oder die Serien *Familie Schölermann.* und *Die Hesselbachs.* Die jüngere Generation schwärmt dagegen für *Fury* oder *Rin Tin Tin* und Westernserien wie *Am Fuß der blauen Berge.*

Im Kino werden schnulzige Heimatfilme wie *Das Schwarzwaldmädel* oder *Grün ist die Heide* und *Der Förster vom Silberwald* allmählich abgelöst von Western- oder Hitchcock-Filmen wie *Das Fenster zum Hof* oder *Der Fremde im Zug* und Monumentalfilmen wie *Quo Vadis.*

Auch in der Musikszene werden Schnulzen wie *Der alte Scherenschleifer und sein treuer Hund, Das alte Försterhaus* und *Der weiße Mond von Maratonga* verdrängt von *Zwei kleinen Italienern,* die von Napoli träumen oder vom *Banjo-Boy.* Auch Freddy Quinn mit *Die Gitarre und das Meer erfreut* die einen, während der Boogie-Woogie und der Rock´n Roll jüngere Generationen an allen Gliedern zucken lassen. Bill Haley, Buddy Holly, Jerry Lee Lewis und vor allem Elvis Presley, der in den fünfziger Jahren als Soldat in Deutschland stationiert ist, erobern weltweit junge Männer- und Frauenherzen im Sturm, während ältere Generationen über diese Art von „Hottentottenmusik für Halbstarke" lauthals schimpfen. Schwarze Lederjacken, Röhrenjeans und Petticoats sind ein modisches Muss, aber bei weitem nicht für jedermann, sondern oft nur für die sprichwörtlich „Betuchteren" in der jüngeren Generation erschwinglich.

Ein sportlicher Höhepunkt ist „Das Wunder von Bern". Als die deutsche Fußballnationalmannschaft mit Spielern wie Fritz Walter, Helmut Rahn und Max Morlock mit einem grandiosen 3:2-Sieg gegen die bis dahin hoch favorisierten Ungarn zum ersten Mal Weltmeister wird, kennt der Jubel keine Grenzen. Und vier Jahre später bei der WM in Schweden reicht es immerhin noch zum ehrenvollen dritten Platz. Dort treten die Fußballartisten von der Copacabana zum ersten Mal mit Spielern wie Pelé, Vavá, Didi und Zagallo auf den Plan, die fortan über viele Jahre den Fußball weltweit dominieren.

++++++

Ab 1950 wird das Saarland assoziiertes und ab 1951 ordentliches Mitglied des Europarats. 1951 tritt es als Teil der saarländisch-französischen Wirtschaftsge-meinschaft der Europäischen Gemeinschaft für Kohle und Stahl, der so genannten Montanunion, bei. Nach Ablehnung des Europäischen Statutes für das Saarland bei einer Volksbefragung am 23. Oktober 1955 kommt es zu einer partiellen Verfassungsrevision und am 1. Januar 1957 wird das Saarland als zehntes Bundesland in die Bundesrepublik Deutschland aufgenommen.

1950 wird der erste Hochofen im Neunkircher Eisenwerk wieder angefahren. Ab August1953 fahren auch elektrisch betriebene Trolleybusse in Neunkirchen, eine Art Zwitter zwischen Straßenbahn und konventionellem Bus, die aus der Oberleitung der Straßenbahn mit Strom versorgt werden.

Inge Eckel, eine Leichtathletin des TUS 1860 Neunkirchen[14], darf an den Olympischen Spielen 1952 in der finnischen Hauptstadt Helsinki teilnehmen. Die Neunkircher Borussen werden 1950 saarländischer Vizemeister, führten das Vertragsspielertum ein und tragen in der folgenden Saison ausschließlich Privatspiele aus, bevor sie 1951 in die Oberliga Südwest zurückkehren, nachdem die Saar-Vereine wieder in das deutsche Ligasystem eingegliedert wurden. 1959 verlieren die Borussen das Endspiel um den DFB-Pokal vor über 20.000 Zuschauern in Kassel mit 2:5 gegen Schwarz-Weiß Essen.

Der geheimnisvolle Tag X[15], von dem die Erwachsenen so oft reden, weckt bei uns Kindern blühende Fantasien. Es handelt sich um die bewusst nur sehr kurzfristig vorher angekündigte Währungsumstellung auf die D-Mark, um Spekulationen vorzubeugen. Die Frankenzeit im Saarland endet am Sonntag, dem 5. Juli um 24 Uhr. Am 6. Juli 1959 wird die Zollgrenze zwischen dem Saarland und Rheinland-Pfalz wieder geöffnet und die D-Mark ist von diesem Tag an offizielles Zahlungsmittel (siehe Foto auf der nächsten Seite).

Am 13. August 1959 kommt es zu einem folgenschweren Unfall, weil die Bremsvorrichtung eines Straßenbahnwagens bei der Hinauffahrt in der steilen Hüttenbergstraße versagt. Die Straßenbahn rollt daraufhin ungebremst rückwärts gegen einen Omnibus und schleuderte diesen in das Schaufenster eines Möbelhauses. Zwei Tote und mehrere Schwerverletzte sind zu beklagen.

deutsche und französische Münzen aus den Fünfzigern

Meine Kindheit in den Fünfziger Jahren ist mit vielen Erinnerungen verbunden, von denen ich hier nur einen kleinen Teil wiedergeben möchte.

Erinnerungen

Unsere Familie zieht Mitte der Fünfziger Jahre von Sinnerthal um in die Innenstadt. Wir Kinder spielen das ganze Jahr über draußen, auch mitten auf der Straße, weil es kaum Autoverkehr gibt. Holpriges Kopfsteinpflaster als Spielfläche. Fußball-, Federball-, Völkerball- und Klickerspiele sind im Sommer angesagt und in der kalten Jahreszeit Schlittenfahrten mitten auf abschüssigen Straßen oder am Krebsberg. Abenteuerspiele in Häuserruinen sind bei den Jungs sehr beliebt, auch freie Flächen im Wagwiesental oder in der Wildnis, die zum Klettern auf Bäume, zum Klauen von Obst, zu Indianer- und Cowboy- oder zu Ritterspielen mit selbst gebastelten Flitzbogen, Schilden, Schwertern und Lanzen einladen.

Ich erinnere mich an kleine Wohnungen mit kalten Steinfußböden oder knarrenden Holzböden, die regelmäßig mit übel riechendem Bohnerwachs und einem Bohnerbesen bearbeitet werden, an kleine Zimmer mit undichten Holztüren, an undichte und einfach verglaste Fenster, die im Winter Eisblumen auf das Fensterglas zaubern.

Eiskalte Füße werden nach stundenlangen Spielen draußen im Backofen vom Küchenherd aufgewärmt. Ich erinnere mich an einen Kohleofen in der Küche als einzige Wärmequelle in der ganzen Wohnung. Die Herdplatte muss regelmäßig mit einem Scheuerschwamm, mit übel riechendem Reinigungsmittel und immer wieder mit Spucke genässt gesäubert werden. Auch das Bügeleisen aus Metall wird auf der Herdplatte erhitzt, ebenso wie die schweren Zimtwaffeleisen in der Weihnachtszeit. Eiskalte Füße, auch im unbeheizten Schlafzimmer keine Seltenheit, werden mit Wärmeflaschen wieder auf Temperatur gebracht.

Hässliche Lampen baumeln mitten im Zimmer von der Decke. Elektrische Leitungen und Schalter offen verlegt auf

Wänden, die mit vergilbten Tapeten in hässlichem Blümchenmuster verziert sind. Es gibt so gut wie keine Steckdose, weil es so gut wie keine elektrischen Geräte zum Einstecken gibt. Strohgefüllte dreiteilige Matratzen in hohen düsteren Bettgestellen und ein unbeheizter Plumpsklo fürs ganze Haus irgendwo im Keller, hinter dem Haus oder im Garten, wo zugeschnittenes Zeitungspapier hinter(n)listige Zwecke erfüllt. Ein Badezimmer gibt es nicht, lediglich ein Waschbecken in der Küche mit kaltem Wasser. Samstags ist Badetag in der Waschküche. Kaltes Wasser wird in einem beheizbaren Waschkessel erhitzt und dann mit Schöpfeimern in die Wanne befördert, nicht zu viel und nicht zu warm, und frisches Wasser gibt es nicht für jeden. Wenn einer mit Baden fertig ist, werden schmutzige Seifenreste an der Oberfläche mit einem Becher abgeschöpft. In den Genuss von frischem Badewasser komme ich als jüngstes Familienmitglied daher höchst selten.

Fleisch und Wurst gibt es die Woche über relativ selten und Schnitzel mit Pommes Frites ein- bis zweimal im Monat sind ein Highlight. Erwachsene gönnen sich sündhaft teuren Bohnenkaffee nur zu besonderen Anlässen, der zuvor mit einer handbetriebenen Kaffeemühle gemahlen werden muss. Zigaretten gibt es meist selbstgedrehte, natürlich ohne Filter.

Unzählige Kneipen in der Innenstadt, bei weitem nicht nur zur Stillung der durstigen Kehlen tausender Hütten- und Grubenarbeiter. Bäckereien, Metzgereien, Tante Emma-Läden für alles Mögliche und Milchgeschäfte gleich um jede Ecke. Die Milch wird in Milchkannen mit Deckel gefüllt und nach Hause transportiert. Bei den Kindern sind Schleudertests ohne Deckel besonders beliebt. Mit etwas

Geschick geht dabei kein Tropfen Milch auf dem Heimweg verloren, was jedoch nicht immer gelingt.

Utensilien und Spielzeug aus den Fünfziger Jahren

Das Foto zeigt typische Utensilien aus einer Waschküche der Fünfziger Jahre, in der Mitte ein mit Holz oder Kohle beheizbarer Waschkessel, links davon eine hydraulische Wäschepresse, davor ein Waschbrett, ein weiteres auf der rechten Seite sowie ein Wäschestampfer und ein Teppichklopfer.

Die Sechziger Jahre[16]

Am 12. April 1961 umkreist der Sowjetrusse Juri Gagarin mit der Raumkapsel Wostok 1 als erster Mensch die Erde, was Präsident Kennedy bereits sechs Wochen später in seiner berühmten Rede zu der Ankündigung veranlasst, dass die USA noch vor Ende dieses Jahrzehnts einen Menschen auf dem Mond landen und sicher zur Erde zurückzubringen werden.

Am 13. August 1961 beginnt in Berlin der Mauerbau, der den Ostteil, die Hauptstadt der DDR, von Westberlin trennt. „Der kalte Krieg" zwischen den beiden Weltmächten erreicht mit der Kuba-Krise 1962 einen ebenso dramatischen wie bedrohlichen Höhepunkt. Nur Kennedys Drohung, notfalls Atomwaffen einzusetzen, kann den Schiffs-Transport von russischen Mittelstreckenraketen, die auf der Insel stationiert werden sollten, buchstäblich im letzten Moment stoppen.

Weltweite Erschütterung löst auch der verstärkte Ausbau der Zonengrenze als innerdeutsche Grenze aus. Der Eiserne Vorhang zementiert für viele Jahre ein erschütterndes Mahnmal zwischen Ost und West. In Erinnerung bleibt auch die schreckliche Sturmflut 1962 an der Nordseeküste, bei der sich der damalige Hamburger Innensenator und spätere Bundeskanzler Helmut Schmidt selbst mit weit reichenden Vollmachten ausstattet, um mit einer Rekrutierung von Nato-Streitkräften, der Royal Air Force und der Bundeswehr vielen Menschen das Leben zu retten. Ende 1969 löst der Sozialdemokrat Willy Brand als zweiter Bundeskanzler nach Konrad Adenauer eine Entspannungspolitik in Richtung Osten aus.

Der Vietnamkrieg, auch als Zweiter Indochinakrieg bezeichnet, löst wegen barbarischer Grausamkeiten mit Millionen Kriegsopfern weltweite Empörung und Erschütterung aus und fordert bei den US-Streitkräften nicht nur etwa sechzigtausend Opfer, sondern auch viele traumatisierte Veteranen nach dem Truppenabzug aus Südvietnam.

Morde an Politikern und Bürgerrechtlern wie John F. Kennedy und seinem Bruder Robert, an Che Guevara, Martin Luther King oder Malcolm Little, aber auch der Sechstagekrieg zwischen Israel und den arabischen Staaten oder die Liberalisierungs- und Demokratie-bestrebungen während des Prager Frühlings, der durch Truppen des Warschauer Paktes blutig niedergeschlagen wird, kennzeichnen die 60er Jahre, die mit der ersten Landung von Apollo 11 auf dem Mond am 21. Juli 1969 und dem Ausstieg von zwei US-Astronauten auf dem Erdtrabanten der Welt ein bis dahin unvergleichliches Ereignis bescheren.

Bedeutende gesellschaftliche Veränderungen wie die Studentenbewegung, verbunden mit der Geburt der so genannten 68er, die sexuelle Revolution, der auf-keimende Feminismus oder die Flower-Power-Bewegung, der Drogenkonsum und Mini-Röcke kennzeichnen dieses Jahrzehnt ebenso wie die oft als hässlich, seelenlos und grau bezeichnete Architektur von Bauwerken, bei denen kubische Formen dominieren. In Deutschland erleben Bungalows in den 60er Jahren ihre Blütezeit.

Musikalisch geht mit den Beatles, den Rolling Stones, den Beach Boys, The Who, den Animals und vielen anderen Gruppen im wahrsten Sinne des Wortes die Post ab, während sportlich betrachtet noch heute viele Fußballfans in Deutschland dem heftig umstrittenen Wembley-Tor nachtrauern, ein Treffer von Geoff Hurst zum 3:2 während des WM-Finales im Londoner Wembley-Stadion am 30. Juli 1966 zwischen der englischen und der deutschen Fußballnationalmannschaft, der den Briten letztlich die WM-Krone beschert. In Erinnerung bleiben auch die unvergleichlichen Boxkämpfe von Cassius Clay alias Muhammad Ali, der als Schwergewichtler in tänzerischer Manier seine Gegner im Ring liebend gerne zur Weißglut bringt, um sie dann mit einem wahren Feuerwerk an Fausthieben ins Land der Träume zu schicken. Auch der US-Leichtathlet Bob Beamon trägt mit seinem gewaltigen Satz von sensationellen 8,90 Metern in Mexiko sogar über fünfzig Jahre später zumindest noch die Olympische Krone im Weitsprung auf seinem Kopf.

Im Kino erobert der britische Geheimagent James Bond, verkörpert durch Schauspieler wie Sean Connery und Roger Moore, mit waghalsigen Action-Szenen und betörendem Charme die Frauenherzen im Sturm, dem es Clint Eastwood in *Zwei glorreiche Halunken* oder Charles Bronson in *Spiel mir das Lied vom Tod* als Westernhelden nachzueifern versuchen, während Oswald Kolle mit seinen Aufklärungsfilmen sowohl Lust bei den einen als auch Frust und Empörung bei den anderen auslöst.

Im Fernsehen, für viele noch immer nur in schwarz-weiß, begeistern Serien wie *Ein Platz für Tiere, Der Forellenhof, Der Kommissar, Raumpatrouille (Raumschiff Orion)* oder Unterhaltungssendungen wie *Spiel ohne Grenzen* und *Was bin ich?* eher die älteren Zuschauer, während die Jüngeren *Die Augsburger Puppenkiste, Lassie, Flipper* oder die *Bezaubernde Jeannie* bevorzugen.

++++++

1961 wird das Neunkircher Stadtbad eröffnet, ein architektonisch sehr beeindruckendes Bauwerk mit einer hängenden Dachkonstruktion, einem Becken mit bis zu 4,50 Meter Wassertiefe, umrahmt von Zuschauertribünen und einem Sprungturm, der Sprünge aus einer Höhe von bis zu 10 Metern erlaubt. Ein Jahr später ein kaum weniger imposantes Bauwerk mit dem neuen Rathaus am Oberen Markt. 1966 erhält Neunkirchen den Status einer Mittelstadt und aus dem Bürgermeister Josef Frank wird ein Oberbürgermeister, der noch im gleichen Jahr von Friedrich Regitz abgelöst wird. Nur zwei Jahre später wird die Grube König geschlossen und damit eine 150jährige Bergbautradition in der Innenstadt beendet.

Für Borussia Neunkirchen brechen goldene Zeiten an. 1962 werden die Borussen Meister der Oberliga Südwest und im Jahr darauf Vizemeister, sodass man in beiden Jahren auch an der Endrunde zur Deutschen Meisterschaft teilnehmen kann. 1964 ein triumphaler Erfolg als erster Aufsteiger in die 1963 gegründete Fußball Bundesliga, wobei man bei den Aufstiegsspielen den heute mit Abstand berühmtesten deutschen Fußballclub, den FC Bayern München mit Stars wie Franz Beckenbauer und Sepp Maier, hinter sich lässt. Zwei Spielzeiten später ein trauriger Abstieg. 1968 gelingt zwar erneut der Bundesligaaufstieg, aber nur ein Jahr später ist der erneute Abstieg in die Regionalliga Südwest unausweichlich.

Kaum weniger erfolgreich in den Sechzigern sind die Handballer des TUS 1860 Neunkirchen[17], die 1964, 1965 und 1966 an der Endrunde um die Deutsche Meisterschaft teilnehmen und sich 1966 als Südwestmeister für die neugegründete Handball-Bundesliga qualifizieren. Nach einem fünften Platz in der Südstaffel im ersten Jahr steht man am Ende der Saison 1967/68 punktgleich mit der SpVgg 1887 Möhringen auf Platz sechs. Nach einer Niederlage in einem Entscheidungsspiel ist der Abstieg aus der Handball Bundesliga besiegelt.

eine Musiktruhe dient jung und alt gleichermaßen

Eine persönliche Erinnerung an das Neunkircher Hallenbad am Mantes-la-Ville-Platz habe ich in der folgenden kleinen Geschichte festgehalten:

Tauchgang

Ich sehe mich als Fünfzehnjährigen, als ich es zum ersten Mal gewagt habe, alleine auf den Grund des Beckens hinabzutauchen, immerhin viereinhalb Meter an der tiefsten Stelle im Bereich des großen Sprungturms. Ich spüre, wie beim Sprung ins Becken das Wasser über mir zusammenschlägt, spüre die Stille, die mich plötzlich umgibt, sehe mich Hinabschweben in die Tiefe, die mir unendlich erscheint. Ich fühle mich wie in einer anderen Welt, lasse die Sorgen und Ängste meines irdischen Daseins als Schüler, der um seinen Abschluss bangen muss, über der Wasseroberfläche zurück, um sie gegen die Sorge einzutauschen, ob ich es auch schaffen werde, ganz nach unten, zum Beckengrund, zu kommen. Ich sehe mich mit letzter Kraft in düsterem Licht der Unterwasser-leuchten den Boden nur kurz berühren, um mich mit den Beinen gleich wieder nach oben abzustoßen. Ich spüre, wie mir vor Atemnot die Lungen zu platzen drohen. Ich spüre das befreiende Gefühl, als mein Kopf endlich wieder die Wasseroberfläche durchstößt und ich in tiefen Zügen frische Luft in mich hineinsauge. Der ohrenbetäubende Lärm tobender Kinder um mich herum signalisiert mir, dass ich wieder im wahren Leben angekommen bin. Eine Minute vielleicht, kaum mehr, war ich dort unten in einer völlig anderen Welt, nur mit mir und meinen Gedanken beschäftigt, eine Minute, die mich das Leben mit einem Schlag in einem anderen Licht erscheinen lässt. Irgendwie ist es mir mit diesem Tauchgang gelungen, nicht nur den Beckengrund, sondern auch den Grund meiner Seele zu berühren und notwendige Kräfte freizumachen für die Bewältigung von Problemen oberhalb der Wasseroberfläche. Jedenfalls habe ich die Mittlere Reife tatsächlich geschafft. Ich bin mir rücklickend sicher, dass mir die Erfahrungen bei meinem ersten Tauchgang im Neunkircher Stadtbad dabei sehr geholfen haben.

Die Siebziger Jahre[18]

Erneut eine sehr ereignisreiche Dekade, geprägt von Krisen, Umbrüchen und Veränderungen. Der Kniefall von Bundeskanzler Willy Brandt in Warschau, mit dem er 1970 die Polen um Vergebung für deutsche Kriegsverbrechen bittet, die Entspannungspolitik in Richtung Osten, verbunden mit den Moskauer und Warschauer Verträgen, sowie die Anerkennung der Oder-Neiße Grenze bescheren ihm ein Jahr später den Friedensnobelpreis.

Die Olympischen Spiele 1972 in München werden überschattet von einem Anschlag der palästinensischen Terrororganisation Schwarzer September auf die israelische Mannschaft, der mit der Ermordung von elf israelischen Geiseln sowie mit dem Tod von fünf Geiselnehmern und einem Polizisten endet.

Die Ölkrise im Herbst 1973 beschert den Bundesbürgern ein paar autofreie Sonntage mit leeren Autobahnen.

Ein Jahr später wird Deutschland bei der WM im eigenen Land durch einen 2:1-Erfolg gegen die Niederlande zum zweiten Mal Fußballweltmeister.

1975 geht der grausame Vietnam-Krieg endlich zu Ende, doch dafür geht das Töten beim Bürgerkrieg im Libanon weiter. In Deutschland verbreitet die Rote Armee Fraktion (RAF), eine linksextremistische terroristische Vereinigung, Angst und Schrecken. Über dreißig Führungskräfte aus Politik, Wirtschaft und Verwaltung, deren Fahrer, Polizisten, Zollbeamte und amerikanische Soldaten fallen ihr zum Opfer. Geiselnahmen, Banküberfälle und Sprengstoffattentate mit über zweihundert Verletzten tragen ebenfalls ihre Handschrift. Im Oktober 1977 entführen palästinensische Terroristen ein Passagierflugzeug der Lufthansa. Der Kapitän der Boeing 737 mit dem Namen Landshut wird erschossen. In Mogadischu wird die Maschine fünf Tage später von der GSG 9, einer Eliteeinheit des deutschen Bundesgrenzschutzes, gestürmt. Bei dieser erfolgreichen Aktion können alle Geiseln befreit werden.

Der Umweltschutz, forciert durch Umweltschutzbewegungen und Forderungen nach einem Atomausstieg, wird in Deutschland mehr und mehr zum zentralen Thema, das sich insbesondere die neu gegründete Partei Die Grünen auf die Fahnen schreibt.

Der polnische Kardinal Karol Wojtyła wird 1978 in Rom zum Papst gewählt und ist als Johannes Paul II. nicht nur unter den Katholiken sehr beliebt.

1979 wird infolge der Islamischen Revolution mit der Absetzung von Schah Mohammad Reza Pahlavi die Monarchie im Iran beendet.

Der *Schulmädchenreport* in Buchform und die gleichnamigen Kinofilme tragen zur verstärkten Ausbreitung der Sexuellen Revolution bei, der mit dem *Hausfrauen-Report* und dem *Lehrmädchen-Report* eine wahre Report-Welle im Kino auslöst wird und letztlich in der Freigabe von Porno-Filmen gipfelt.

Die Personal-Computer-Ära mit der Gründung von Firmen wie Apple, Microsoft beginnt, gefolgt von der ersten Generation simpler Videospiele auf Spielekonsolen wie beispielsweise dem Atari.

Die kontinuierlich wachsende Fernsehgemeinde versammelt sich bei Tatortfilmen oder Krimiserien wie

Kojak und *Columbo* vor der Flimmerkiste. Auch Unterhaltungssendungen wie *Dalli Dalli, Am laufenden Band, Wünsch Dir was* oder *Der Große Preis* sind sehr beliebt, während sich die jüngere Generation an der *Sesamstraße* oder an der *Muppet-Show* erfreut.

In der ZDF-Hitparade tummeln sich zahlreiche Schlagerstars wie Roy Black, Katja Epstein, Bernd Clüver oder Cindy & Bert, während international die Popmusik mit Stilrichtungen wie Disco und Funk oder Varianten der Rockmusik wie Hardrock und Punkmusik dominieren. Während die Beatles bereits 1970 ihre weltweit einzigartige Karriere beenden, stehen ihre damaligen Konkurrenten, die Rolling Stones, noch heute auf der Bühne.

Mit Langhaarfrisuren, langen Koteletten, Bart und Schlaghosen versuchen junge Männer jungen Damen zu imponieren, die Miniröcke zunehmend gegen Hot Pants und Schuhe mit Plateausohlen tauschen und sich mit dem anderen Geschlecht gerne auf flauschigen Flokatiteppichen vergnügen.

++++++

1971 stirbt der amtierende Neunkircher Oberbürgermeister Friedrich Regitz und wird von Paul Kolb bis zu seiner Pensionierung Ende September 1975 abgelöst, dessen Nachfolge Peter Neuber antritt.

1974 tritt im Saarland eine Gebiets- und Verwaltungsreform in Kraft. Neunkirchen erhält einen Status als Kreisstadt des Landkreises Neunkirchen.

Infolge von Eingemeindungen vergrößert sich die Einwohnerzahl von 42.000 auf rd. 57.000. Mit Furpach, Hangard, Heinitz, Kohlhof, Ludwigsthal, Münchwies, der Innenstadt Neunkirchen, Sinnerthal, Wellesweiler und Wiebelskirchen sind es nunmehr insgesamt 10 Stadtteile.

1978 beginnt die Innenstadtsanierung, die Fußgängerzone wird fertiggestellt und das erste Neunkircher Stadtfest in weiten Teilen der Innenstadt lockt Zigtausende an. Im gleichen Jahr wird auch das Ende der Neunkircher Straßenbahn eingeläutet. Die letzte Fahrt der Straßenbahn19, der in ihrer Art steilsten Straßenbahn Europas mit über 11 Prozent Steigung am Hüttenberg, endet am 10. Juni 1978.

Die Straßenbahn auf dem Weg durch die Stummstraße in Richtung Hüttenberg.

über 11 Prozent Steigung am Hüttenberg

1979 wird die Bliespromenade ihrer Bestimmung übergeben.

Borussia Neunkirchen spielt bis 1974 in der Regionalliga Südwest und steigt dann für ein Jahr in die 2. Bundesliga Süd auf. Nach dem Abstieg dann von 1975 bis 1978 drei Jahre in der Amateurliga Saarland, in denen man als Meister jedes Jahr auch in der Aufstiegsrunde zur 2. Bundesliga teilnimmt, aber erst im dritten Anlauf den Wiederaufstieg in die 2. Bundesliga Süd schafft, aus der man 1979 nach nur einem Jahr wieder absteigt in die neu gegründete Oberliga Südwest. 1978 gehen die Borussen als Sieger aus dem Wettbewerb um den Saarlandpokal hervor.

Erinnerungen an meine letzte Fahrt mit der Neunkircher Straßenbahn habe ich in dieser kleinen Geschichte festgehalten:

Die letzte Fahrt

Es soll heute meine letzte Fahrt werden mit unserer Straßenbahn, die mir fehlen wird, weil ich sie von Geburt an kenne und weil sie mich ein bisschen an einen gemütlichen Zug erinnert, mit dem man einen bequemen Stadtbummel auf Schienen machen kann. Von der Wellesweiler Straße bis zur Endstation in der Steinwaldstraße und wieder zurück bis zum Bahnhof will ich fahren, heute ein letztes Mal, um jeden Meter gleich doppelt genießen zu können. Bewaffnet mit Filmkamera und Fotoapparat steige ich in der Wellesweiler Straße ein. Es ist wenig los an diesem Wochentag, drei Tage vor der offiziell letzten Fahrt, die eine festliche mit geschmückten Triebwagen werden soll. Doch ich will sie noch einmal so erleben, wie ich sie früher immer erlebt habe, als Kind und als Jugendlicher, damals noch ohne Auto.

In den Fünfzigern fuhren noch die alten Triebwagen und Beiwagen mit offenen Plattformen. Die Fahrzeuge hatten so genannte Laternendächer mit aufgesetzten Einrollen-Stangen-Stromabnehmern. Mit einer handbetriebenen Fahrkurbel wurde die Geschwindigkeit geregelt. Im Inneren der Wagen lange Bänke entlang jeder Seite. Man musste beim Schaffner einen Fahrschein lösen und mit Französischen Francs oder Saarländischen Franken bezahlen, die der Uniformierte ohne hinzuschauen zielsicher in eines der Magazine des Münzwechslers an seiner Schaffnertasche steckte und aus einem anderen Magazin Münzen für das Rückgeld entnahm. Galoppwechsler hieß so ein Gerät, wenn ich mich richtig erinnere. So sehr man sich auch bemühte, während der Fahrt ruhig sitzen zu bleiben, rutschte man trotzdem hin und her, wenn der Wagen durch eine Kurve fuhr oder bremste und beschleunigte.

Problemlos legt der seit 1961 eingesetzte vierachsige Gelenktriebwagen, in dem ich jetzt sitze, die mit über 11 Prozent steilste Strecke den Hüttenberg hinauf zurück. Stolz war ich immer darauf, dass wir uns in Neunkirchen daher mit dem Titel steilste Straßenbahn Deutschlands schmücken dürfen, noch jedenfalls. Der Höhenunterschied zwischen dem tiefsten Punkt in der Unterstadt und dem höchstem Punkt auf dieser Strecke beträgt etwa 110 Meter. Noch einen weiteren Titel als kleinste Straßenbahn Deutschlands wegen der nur sechs Kilometer langen Strecke in der Innenstadt dürfen wir verbuchen, aber auch den nur noch drei Tage. Dann geben wir sie einfach freiwillig ab, diese beiden Titel. Jammerschade.

Zwei Weltkriege hat sie überlebt, unsere Straßenbahn. Unzähligen Menschen hat sie in über siebzig Jahren lange und steile Fußwege erspart, hat Junge und Alte durch die Innenstadt kutschiert. Kleinkinder, Hochbetagte, Behinderte, Arbeiter und Angestellte haben Platz in ihr gefunden, die in drei Tagen zwar auch Platz in anderen Verkehrsmitteln finden werden, aber nie mehr in der kleinsten und steilsten Straßenbahn Deutschlands.

Die Achtziger Jahre[20]

1980 ist ein schicksalhaftes Jahr. Die sowjetische Intervention in Afghanistan mit der militärischen Unterstützung der afghanischen Regierung gegen islamisch konservative Rebellengruppen wie die Mudschaheddin überdauert fast das ganze Jahrzehnt.

Der Vulkan Mount St. Helens im US-Bundesstaat Washington bricht aus. Beim Oktoberfestattentat in München werden durch die Explosion einer selbst gebauten Bombe 13 Menschen getötet und über 200 verletzt. Der erste Golfkrieg zwischen dem Irak und dem Iran beginnt.

1981 wird auf Papst Johannes II. ein Attentat verübt, das er jedoch überlebt. Ein Jahr später bricht der Falklandkrieg zwischen Argentinien und dem vereinigten Königreich Großbritannien aus. Helmut Kohl tritt als Bundeskanzler die Nachfolge von Helmut Schmidt an.

Die Hungersnot in Äthiopien fordert bis zu einer Million Opfer. Michail Gorbatschow wird Generalsekretär der KPdSU und leitet Wandlungsprozesse in der Sowjetunion ein, die unter den Schlagworten Perestroika und Glasnost bekannt werden.

Am 28. Januar 1986 endet ein Weltraumflug der NASA nach nur 73 Sekunden in einem verheerenden Unglück. Die Explosion der Raumfähre Challenger geht als Challenger-Katastrophe in die Geschichte der Raumfahrt ein. Drei Monate später ereignet sich mit dem Atomreaktor-Unglück in Tschernobyl ein weitere schwere Katastrophe mit verheerenden Auswirkungen.

1988 hält die Geiselnahme von Gladbeck durch zwei Bankräuber, der drei Menschen zum Opfer fallen, die Bundesrepublik tagelang in Atem. Im selben Jahr fordert die Kollision dreier Militärflugzeuge einer italienischen Kunstflugstaffel während einer Luftfahrtschau in Ramstein 70 Todesopfer und über 1.000 Verletzte mit zum Teil schwersten Verbrennungen. Der Absturz einer Boeing 747 der Fluggesellschaft PanAm infolge eines Bombenattentats fordert im schottischen Lockerbie 270 Tote.

Am 11. September 1989 öffnet Ungarn den Grenzzaun nach Westen, und die Maueröffnung am 9. November in Berlin leitet die deutsche Wiedervereinigung ein.

Der Übergang vom Industrie- zum Informations-zeitalter wird durch permanente Fortschritte in der Computertechnologie forciert. Auch in Privathaushalten beginnt der Siegeszug von Heimcomputern wie dem legendären Commodore 64 und Spielekonsolen der Firma Atari oder dem Gameboy, begleitet von Mikrowellen-herden, Video-Rekordern und CD-Spielern.

Das Privatfernsehen mit Sendern wie RTL, SAT 1 oder ProSieben bringt lang ersehnte Vielfalt auf den heimischen Bildschirm. Götz George als *Tatortkommissar Schimanski* fesselt Millionen Zuschauer ebenso wie die *Schwarzwaldklinik*, das *Traumschiff* oder *Diese Drombuschs*, während im Kino Terence Hill und Bud Spencer nach wie vor die Fäuste fliegen lassen. Mehrteilige Produktionen wie *Star Trek*, *Star Wars*, *Rambo* und *Indiana Jones*, aber auch oscarprämierte Filme wie *Ghandi*, *Jenseits von Afrika* und *Der letzte Kaiser* begeistern das Kinopublikum nicht minder wie *ET*, *Dirty Dancing* oder der *Otto-Film*.

Die Olympischen Sommerspiele in Moskau werden 1980 von Deutschland und 64 anderen Staaten, darunter die USA, wegen des Einmarschs der Sowjets in Afghanistan boykottiert. Bei der Fußball-WM in Spanien wird Deutschland 1982 im Endspiel von Italien 3:1 geschlagen und geht auch vier Jahre später in Mexiko nach einer Niederlage im Endspiel gegen Argentinien „nur" als Vizeweltmeister vom Platz.

Ballonhosen und -röcke, Dauerwellen und Vokuhila-Frisuren, Stirnbänder, Jeans-Hemdem, Leggins und weiße Tennissocken bestimmen die Mode der Achtziger, während Rubiks magischer Zauberwürfel Millionen verzweifeln lässt. Fast-Food-Restaurants schießen wie Pilze aus dem Boden.

Michael Jacksons Album *Thriller* erobert die Charts. Zu den internationalen Musikstars zählen auch Whitney Houston, Phil Collins, Madonna und Falco, während man in Deutschland mit der Neuen Deutschen Welle die heimische Sprache in der Musik wiederentdeckt. Stilrichtungen wie Heavy Metal, Hip Hop bestimmen weltweit die Musik-Szene.

++++++

1982 werden im Neunkircher Eisenwerk die Hochöfen gelöscht und damit das Stahlwerk sowie auch die Kokerei stillgelegt. Die so genannte Flüssigphase der Neunkircher Hütte ist damit beendet. Zwei Jahre später wird die Stadt Eigentümerin des brachliegenden Eisenwerkgeländes und beginnt mit dessen Abriss in weiten Teilen. 1986 beginnt der Stadtumbau. Bis 1989 wird die Lindenallee verlängert und die Gustav-Regler-Straße fertig gestellt. Der Bau des Saarpark-Centers beginnt und der Stummplatz sowie die Fußgängerzone werden neu gestaltet. Am 31. August 1989 wird das Saarpark- Center in Anwesenheit des saarländischen Ministerpräsidenten Oskar Lafontaine eingeweiht.

Am 10. September 1987 besuchte Erich Honecker, der in Neunkirchen geborene Staatsratsvorsitzende der DDR, seine Heimatstadt. Nach der offiziellen Begrüßung durch Ministerpräsident Oskar Lafontaine besucht er in der Kuchenbergstraße in Wiebelskirchen auch seine jüngere Schwester und das Grab seiner Eltern.

Borussia Neunkirchen wird 1980 Meister der Oberliga Südwest und steigt in die 2. Bundesliga Süd auf und im Jahr darauf gleich wieder ab. Immerhin kann man sich in den 1985 und 1986 gleich zweimal hintereinander über den Gewinn des Saarlandpokals freuen.

Gedanken über einen Zoobesuch in den Achtzigern enthält die folgende kleine Geschichte:

Chiana & Samba

Kinderwünsche zu erfüllen fällt einem bekanntlich nicht immer leicht, insbesondere dann, wenn die Quälgeister mitten im Winter bei arktischen Temperaturen in den Neunkircher Zoo wollen und einfach nicht davon abzubringen sind. Benjamin Blümchen Kassetten, die einen bei längeren Autofahrten mit den Kindern durch permanente Törööös und mehrfaches Abspielen der Kassetten schier um den Verstand zu bringen drohen, erfreuen die Kinder natürlich auch zu Hause. Und so wecken sie zwangsläufig auch Lust auf Zoobesuche. Also machen wir uns verpackt wie Eskimos am Polarkreis schließlich auf den Weg durchs Wagwiesental, den Schützenhausweg und die Zoostraße zum erklärten Ziel der kindlichen Wünsche.

Mir tut jetzt schon das Kreuz weh, weil ich den Sohnemann fast den halben Weg getragen habe. Gähnende Leere vor der Kasse und im Zoogelände. Kaum jemand außer uns scheint auf die glorreiche Idee gekommen zu sein, die warme Stube freiwillig zu verlassen. Sei's drum! Die Kleinen wissen natürlich genau, wo sie hin wollen und steuern gleich das Elefantengehege an, was zu befürchten war.

Zwei Rüsseltiere, die schon seit 1966 hier im Zoo sind und die wir mindestens schon ein halbes Dutzend Mal besucht haben, warten auf uns. Ich achte zwar jedes Mal akribisch auf Veränderungen bei ihnen, kann aber auch diesmal nicht das Geringste feststellen. Schlagartig kommt mir in den Sinn, einfach ein Foto von den beiden zu machen und es ins Kinderzimmer zu hängen. Vielleicht könnte einen das ja vor Zoobesuchen im kalten Winter bewahren. Dummerweise liegt der Fotoapparat Zuhause im trockenen und warmen Schrank.

Aus Asien sind die beiden Dickhäuter noch im Kindesalter, also als Elefantenkälber, gekommen und haben sich hier prächtig entwickelt. Chiana und Samba heißen sie und fühlen sich offensichtlich wohl in der hässlich kahlen Außenanlage mit einem aus Elefantensicht winzig kleinen Badebecken. Die Anlage ist durch einen Graben und eine nicht minder hässliche Mauer von den Besuchern abgegrenzt. Chiana und Samba, wohlklingende exotische Namen, zu denen das von den Kindern spontan im Chor angestimmte Törööö überhaupt nicht passt und sie auch völlig kalt lässt. Apropos kalt, es ist noch ein bisschen kälter geworden und fängt an zu schneien.

´Ich habe kalte Füße´, jammert die Kleine. `Dem kann man mit etwas Bewegung abhelfen`, erwidere ich, um die Kinder endlich von der Anlage wegzulocken, doch nach einer kompletten Runde durch den Zoo wollen sie gleich wieder dorthin. ´Wisst ihr was, wir gehen jetzt mal zum Kassenhäuschen am Ausgang und dort darf sich jeder von euch einen kleinen Stoffelefanten aussuchen´, versuche ich das leidige Problem zu lösen. Eine geniale Idee, die auf Anhieb zum Erfolg führt und mich schlagartig um fast dreißig D-Mark ärmer macht. ´Eine Benjamin Blümchen

Kassette hätte es durchaus auch getan´, gibt mir meine bessere Hälfte mit einem missbilligenden Blick zu verstehen, und ich entwickle spontan ein gewisses Verständnis für Morde im Affekt. Doch die signalisierte Aussicht auf warmen Kaffee und ein Stück Kuchen nach Rückkehr in unsere warme Stube verdrängt die rabenschwarzen Gedanken in meinem Kopf gleich wieder.

Die Neunziger Jahre[21]

Mit dem Ende des Kalten Krieges und dem Zerfall der Sowjetunion verbunden ist eine politische Neuordnung der Welt, in der die USA die einzige Supermacht auf unserem Planeten repräsentieren.

Am 3. Oktober 1990 ist Deutschland durch den Beitritt der Deutschen Demokratischen Republik zur Bundesrepublik Deutschland nach über vierzig Jahren offiziell wiedervereinigt. Im gleichen Jahr werden auf die CDU-Politiker Wolfgang Schäuble und Oskar Lafontaine von der SPD Attentate verübt, die beide zwar überleben, aber Wolfgang Schäubles Rückenmark so schwer verletzen, dass er seitdem ein Leben im Rollstuhl führen muss.

1991 beginnt mit dem Überfall der Iraker auf Kuwait der 2. Golfkrieg. Der kleine Golfstaat wird durch alliierte Streitkräfte unter der Führung der USA wieder befreit. Jugoslawien beginnt in Folge innenpolitischer Auseinandersetzungen und Unabhängigkeitserklärungen der Teilrepubliken Slowenien, Kroatien, Mazedonien und Bosnien-Herzegowina zu zerfallen, was mit einer Reihe blutiger kriegerischer Auseinandersetzungen verbunden ist.

1992 wird der Maastrichter Vertrag als Grundlage der EU unterzeichnet, während die Schweiz einen Beitritt zum Europäischen Wirtschaftsraum ablehnt. Ein Jahr später löst sich die Tschechoslowakei in die Nachfolgestaaten Slowakei und Tschechien auf und Deutschland erhält fünfstellige Postleitzahlen.

In Ruanda fallen 1994 annähernd eine Million Menschen einem grausamen Gemetzel durch die Bevölkerungsmehrheit der Hutu an der Minderheit der Tutsi zum Opfer. Im gleichen Jahr wird Nelson Mandela nach dem Ende der Apartheid zum ersten schwarzen Präsidenten Südafrikas gewählt. In der Ostsee sterben 852 Passagiere und Besatzungsmitglieder beim Untergang der Fähre Estonia.

1997 stirbt die englische Prinzessin Diana, bekannt als Lady Di, bei einem mysteriösen Autounfall in Paris. Im Jahr darauf löst der Sozialdemokrat Gerhard Schröder Helmut Kohl als Bundeskanzler ab.

1999 führen ergebnislose Verhandlungen um den Rückzug der serbischen Armee aus dem Kosovo zum Kosovo-Konflikt, verbunden mit Luftangriffen der Nato. Der russische Präsident Boris Jelzin tritt ab und übergibt die Amtsgeschäfte an Wladimir Putin.

SMS-Nachrichten, E-Mails und Mobiltelefone ersetzen mehr und mehr die klassischen Kommunikationsmittel. Das Internet nimmt einen weltweit unvergleichlichen Siegeszug. Faxgeräte, PCs mit CD-Brennern, Tinten-strahldrucker und Spielekonsolen wie die PlayStation, mit der Lara Croft in Tomb Raider-Spielen als virtuelles Wesen von realen Spielern durch die tollsten Abenteuerwelten bewegt werden kann, halten mehr und mehr Einzug in guten Stuben und Kinderzimmern. In unzähligen Fernseh-Talkshows finden insbesondere schräge Typen zu noch schrägeren Themen abseits gängiger Meinungen und Ansichten Gehör. Spartenkanäle für Musik, Sport und Kinder finden ebenso wie Teleshopping-Sender ihren Platz.

Die *Harald Schmidt-Show*, so genannte Comedians, erotische Magazine wie *Liebe Sünde* oder *Tutti Frutti* und schier endlose Seifenopern fesseln Fernsehkonsumenten jeden Tag länger an die Flimmerkisten.

Über Jahre bevorzugen Frauen die Girlie-Mode, während Männer sich mit Holzfäller- und Flanellhemden zu schmücken versuchen. Auch Tattoos und Piercings werden mehr und mehr salonfähig. Klassische Rollschuhe werden durch Inline-Skates verdrängt. Flohmärkte, Last-Minute-Reisen und Esoterisches finden zunehmend Liebhaber, ebenso wie Tigerenten, die Diddle-Maus oder das Tamagotchi.

Im Kino füllen internationale Filme wie *Das Schweigen der Lämmer, Der König der Löwen, Forrest Gump, Ghost* oder *Man in Black* ebenso die Kassen wie mit *Go Trabi Go, Manta Manta, Knockin' on Heaven's Door* oder *Pappa ante portas* nationale Filmproduktionen.

In der Musikszene machen sich Stars und Boy- oder Girlgroups einen Namen, um mit Guns N Roses, Eric Clapton, den Backstreet Boys, Take That und den Spice Girls nur einige zu nennen. Freddie Mercury von Queen stirbt an Aids und Falcos tragischer Tod bei einem Autounfall einige Jahre später bewegt noch heute zahlreiche Fans.

Deutschland wird 1990 bei der Fußball-WM in Italien zum dritten Mal Weltmeister, während sich vier Jahre später die Brasilianer und 1998 die Franzosen im eigenen Land die WM-Krone erobern. 1996 wird Deutschland in England Europameister durch ein Golden Goal von Oliver Bierhof.

Formel 1-Weltmeister Ayrton Senna verunglückt 1994 bei einem Rennen um den Großen Preis von San Marino tödlich. Michael Schumacher tritt im gleichen Jahr zum ersten Mal seine Nachfolge als Formel 1-Weltmeister in einem Benneton an. Diesen Erfolg kann er ein Jahr später wiederholen, bevor er zu Ferrari wechselt.

++++++

1990 wird der scheidende Oberbürgermeister Peter Neuber vom bisherigen Bürgermeister Friedrich Decker abgelöst.

1991 erfolgt die Fertigstellung des Neunkircher Hüttenweges und 1996 wird der Neunkircher Grubenweg eröffnet. Im Jahr darauf kann die Stadt Neunkirchen 75 Jahre Stadtrechte feiern. Eine beträchtliche Erweiterung des Saarpark-Centers wird 1999 abgeschlossen.

1990 wechselt der 17jährige Nigerianer Jay-Jay Okocha[22] als Jugendspieler von seinem nigerianischen Heimatverein Enugu Rangers zu Borussia Neunkirchen. Seine Dribblings und Tore in der Oberliga Südwest wecken das Interesse von Eintracht Frankfurt, wohin er 1992 wechselt und seine internationale Karriere ihren Anfang nimmt.

Die Handball-Damenmannschaft des TuS 1860 Neunkirchen spielt ab 1991 in der 2. Handball-Bundesliga, aus der sie zum Ende der Saison 1995/96 wieder absteigt.

Der Neunkircher Stefan Kuntz, ein ehemaliger Borussenspieler, erringt am 30. Juni 1996 im Londoner

Wembley-Stadion mit der Deutschen Nationalmannschaft den EM-Titel.

Ein entscheidender Beitrag zum 1:0-Erfolg unserer Nationalmannschaft gegen den Endspielgegner aus Argentinien mit Weltstar Diego Maradona ist beim WM-Finale am 8. Juli 1990 in Rom sicherlich die massive Unterstützung aus dem heimischen Wohnzimmer in der Parallelstraße.

1999 stirbt Leo Düpré, bundesweit bekannt als Borussen-Leo[23], im Alter von 77 Jahren. Seiner großen Liebe Borussia bleibt er, stets mit Fahne, Tröte, selbst gestricktem schwarz-weißem Pullover und Zipfelmütze ausgestattet, treu bis in den Tod. Die Stadt verliert damit ein weithin bekanntes Neunkircher Original.

Eine Erinnerung an die Weihnachtszeit 1994, als das Saarpark-Center auch sonntags noch zugänglich war, habe ich in der folgenden Geschichte festgehalten:

Endzeit

Ende 1994. Das Saarpark-Center, gerade mal fünf Jahre jung, zieht als Attraktion über die Grenzen des Saarlandes hinaus vom ersten Tag an die Menschen magnetisch an, nicht nur des Einkaufens wegen. Insbesondere in der Adventszeit bietet das weihnachtlich geschmückte und illuminierte Center eine ideale Kulisse, um sich auf die bevorstehenden Festtage einzustimmen. Wie immer in der kalten Jahreszeit machen Mama und ich unseren Sonntagsspaziergang durch die Innenstadt, bei dem auch ein Centerbummel nicht fehlen darf. Zum einen, weil Mama es liebt, sich sonntags, wenn die Geschäfte geschlossen sind, die Auslagen hinter den Schaufenstern in aller Ruhe anzusehen, zum anderen, weil man sich dabei wenigstens ein bisschen aufwärmen kann. Dem Centertrubel während der Öffnungszeiten die Woche über kann sie dagegen nichts abgewinnen. Kein Wunder, wenn man schon fast 85 Jahre alt ist und im Rollstuhl sitzt. Sie schämt sich ein bisschen dafür, will aber kein Mitleid, nicht für die schleichende Arthrose in ihr und auch nicht für den Krebs, den man ein paar Jahre zuvor bei ihr entdeckt hatte.

Normalerweise gehen wir immer vormittags spazieren, aber diesmal will ich Mama das weihnachtlich geschmückte Center am späten Nachmittag zeigen, wenn es draußen allmählich dunkel wird und drinnen die Weihnachtsbeleuchtung eingeschaltet ist, die die festliche Dekoration erst so richtig zur Geltung bringt. Um ehrlich zu sein, ich muss mich zu den Ausflügen mit Mama immer überwinden, weil ich die Woche über viel um die Ohren habe und sonntags am liebsten meine Ruhe hätte. Aber ich will ihr wenigstens eine kleine Freude damit machen, zumal mir ansonsten auch das Gewissen keine Ruhe lassen würde. Mama genießt jedenfalls solche Ausflüge. Wann immer wir unterwegs sind, fallen ihr Geschichten aus der Vergangenheit ein, die immer mit: „Weißt du noch …" beginnen. Es sind immer die gleichen Geschichten, die ich wohl schon hundertmal gehört habe, aber ich lasse sie reden und bin froh, dass sie mein verkniffenes Gesicht nicht sehen kann, während ich sie dabei im Rollstuhl vor mir her schiebe. Obwohl ich in Gedanken meist ganz wo anders bin, flechte ich in die Unterhaltung zwischen Mutter und Sohn, die eher ein Monolog als ein Dialog ist, einfach von Zeit zu Zeit ein „Ach ja?" oder ein „Das ist aber interessant" oder ein „Das wusste ich ja gar nicht" ein. So genießen wir, jeder auf seine Art, unseren sonntäglichen Centerbummel.

„Diesmal ist das Center aber besonders schön geschmückt", sagt sie, wie auch schon die Jahre zuvor.

„Ja, Mama, die machen das wirklich gut", erwidere ich, wie jedes Jahr, während wir uns allmählich dem Ausgang nähern.

„Danke für den schönen Spaziergang. Schade, dass Papa nicht mehr miterleben kann, wie sehr sich unsere Stadt durch das Center verändert hat, zum Guten, finde ich", sagt sie, worauf ich wie jedes Jahr erwidere: „Ach Mama, Papa bekommt das von dort oben sicher ganz genau so mit wie wir hier unten."

Während Mama sich sonst immer wie ein kleines Kind über diese Bemerkung gefreut und mit „glaubst du *wirklich?" darauf geantwortet hat, bleibt sie diesmal merkwürdig still.*

„Hast du was, ist dir nicht gut, Mama?", frage ich.

„Nein nein, es ist alles in Ordnung", erwidert sie, „ich hoffe nur, dass ich euch nicht mehr allzu lange zur Last fallen werde."

„Was redest du denn da für einen Unsinn, erstens fällst du uns nicht zur Last und zweitens ... du wirst garantiert über 100 Jahre alt." Etwas Sinnvolleres fällt mir in diesem Moment nicht ein.

„Lass mal gut sein, das wollen wir doch besser dem lieben Gott im Himmel überlassen", gibt sie mir zur Antwort.

Wir verleben mit ihr und den drei Kindern zusammen noch ein schönes Weihnachtsfest. Am Neujahrstag 1995 bricht der Krebs erneut bei ihr mit aller Macht aus und lässt sich diesmal nicht mehr aufhalten. Fünf Monate später ist sie tot.

Eine traurige Geschichte über den letzten Centerbummel mit Mama, und dennoch eine schöne Erinnerung. Jedes Jahr in der Adventszeit, wenn ich durchs Center bummele, tauchen sie wieder auf, diese Gedanken und Bilder in meinem Kopf.

Die 2000er Jahre[24]

Ob die Jahrtausendwende schon am 1. Januar 2000 oder erst ein Jahr später stattfindet, darüber streiten sich die Geister. Am 11. September 2001 hält die Welt den Atem an, als Islamisten der Terrororganisation Al Qaida in den USA vier Flugzeuge entführen und davon zwei ins World Trade Center in New York sowie eins ins Pentagon in Washington lenken. Die Twin Towers in New York stürzen teleskopartig in sich zusammen. Fast 3.000 Menschen fallen diesen schrecklichen Terroranschlägen zum Opfer, worauf die USA in Afghanistan in Kriegshandlungen eintreten, um die Herrschaft der Taliban zu beenden. Auch der Golfkrieg im Irak zwei Jahre später ist eine Folge dieses blutigen Anschlags auf die westliche Welt.

In Deutschland und anderen EU-Staaten wird 2002 der Euro als Gemeinschaftswährung eingeführt. 2004 löst ein Erdbeben im Indischen Ozean eine verheerende Flutwelle aus. Dem Tsunami fallen etwa 230.000 Menschen zum Opfer. Ein Jahr später stirbt Papst Johannes Paul II. Der deutsche Kardinal Josef Ratzinger wird als Papst Benedikt XVI. sein Nachfolger. Hurrikan Katrina richtet im Südosten der USA schwerste Schäden an und in Deutschland wird eine Große Koalition mit Angela Merkel als Bundeskanzlerin installiert.

2006 erklärt Montenegro seine Unabhängigkeit von Serbien, und im Nahen Osten kommt es zum Krieg zwischen Israel und dem Libanon. Der ehemalige irakische Diktator Saddam Hussein wird hingerichtet. Ein Jahr später entdecken Archäologen südlich von

Jerusalem das Grab des Herodes, und Nicolas Sarkozy wird französischer Staatspräsident.

2008 tritt der kranke Fidel Castro seine politischen Ämter an seinen Bruder Raúl ab und im gleichen Jahr erklärt auch der Kosovo seine Unabhängigkeit von Serbien. Der Kaukasus-Konflikt zwischen Russland und Georgien eskaliert und Barack Obama wird in den USA als erster Afroamerikaner zum Präsidenten der Vereinigten Staaten gewählt.

2009 treten der Vertrag von Lissabon und die Charta der Grundrechte der EU in Kraft, während das hoch verschuldete Griechenland die Eurokrise auslöst.

Eine zunehmende Globalisierung kennzeichnet die weltweite wirtschaftliche Entwicklung. Die Pleite der Großbank Lehman Brothers in den Vereinigten Staaten löst eine weltweite Finanzkrise aus und die Ängste vor einer zunehmenden weltweiten Klimaerwärmung bringen Umweltschutzorganisationen mit zum Teil irrealen Untergangsszenarien immer stärker auf den Plan.

IPods, Handys, Digitalkameras und Smartphones verbreiten sich innerhalb von wenigen Jahren nahezu explosionsartig und die Röhrenbildschirme von Fernseh-geräten und Computern werden mehr und mehr durch Flachbildschirme, teilweise mit Touchscreen-Funktionen, ersetzt. Internetplattformen wie You Tube oder ebay setzen neue Akzente der Unterhaltung und des Konsums. DVD- und MP3-Player, USB-Sticks, satelliten-gestützte Navigationssysteme wie GPS und vieles mehr werden zur Selbstverständlichkeit, während Deutschland den Ausbau erneuerbarer Energien forciert.

Im Fernsehen erfreuen sich Castingshows, Reality-TV, Rate- und Kochsendungen sowie Doku-Soaps zunehmender Beliebtheit. Spielfilme verschreiben sich zunehmend Fantasy- oder CGI-Produktionen wie *Shreck, Ice Age* oder *Findet Nemo*. Amerikanische Superhelden-Comics wie *Superman, Spiderman* oder *Batmann* erwachen zu neuem Leben. Auch Filme wie *Fluch der Karibik, Cast Away* und *Troja* oder deutsche Produktionen wie *Der Schuh des Manitu, Keinohrhasen* und *7 Zwerge* locken Millionen ins Kino.

Rapper und Hip Hop dominieren die Musikszene ebenso wie Amy Winehouse, Jennifer Lopez oder Xavier Naidoo in Deutschland. Auch Bands wie Tokio Hotel, AC/DC, Iron Maiden oder deutsche Vertreter wie Die toten Hosen und Die Ärzte feiern große Erfolge bei ihren Fans.

Modisch chic ist man nach wie vor mit Sneakers, Basecaps, Röhrenjeans oder in bedrohlich wirkenden Klamotten der Schwarzen Szene.

Michael Schumacher wird von 2000-2004 gleich fünfmal hintereinander Formel 1-Weltmeister in roten Ferraris.

Deutschlands Männer verlieren in 2002 einmal mehr ein Endspiel bei der Fußball-WM in Südkorea/Japan, während die Fußballfrauen in dieser Dekade gleich zweimal einen WM-Titel für sich verbuchen können. Bei der WM im eigenen Land, die als Sommermärchen in die Geschichte eingehen wird, reicht den Männern dazu sogar „nur" ein dritter Platz.

Usain Bolt aus Jamaika stellt bei den Leichtathletik-Weltmeisterschaften in Berlin mit 9,58 Sekunden im 100-

Meter-Lauf und mit 19,19 Sekunden im 200-Meter-Lauf zwei sensationelle Weltrekorde auf. Der Schwimmer Michael Phelps aus den USA verbucht bei drei Olympischen Sommerspielen in diesem Jahrzehnt insgesamt 14 Olympiasiege, was ihn als bisher erfolgreichsten Olympioniken aller Zeiten unvergesslich macht.

++++++

Mit einem großen Millenium-Feuerwerk starte die Stadt Neunkirchen ins Jahr 2000. Das Alte Hüttenareal, AHA genannt, wird mit einer dauerhaften Effektbeleuchtung in bunten Farben ausgestattet. Nach einem schweren Orkan muss das alte Flachdach des Neunkircher Rathauses mit einem Satteldach versehen werden und Fritz Decker wird als amtierender Neunkircher Oberbürgermeister wiedergewählt.

2003 werden Bahnhofsvorplatz und Bliespromenade neu gestaltet. Mit dem Start des Musical Projektes wird Neunkirchen zur Musicalstadt und das Kasbruchtal wird als archäologisches Landschaftsschutzgebiet ausgewiesen.

Im Sommer 2004 wird im Neunkircher Zoo ein imposantes Elefantenhaus im Stil eines asiatischen Tempels errichtet. Samba und Chiana, die beiden asiatischen Elefantenkühe, die 1966 noch als Elefantenkälber nach Neunkirchen kamen, sterben leider schon bald darauf. Die über 3 Tonnen schwere und 6 x 3,50 Meter große Samba erlangt nach ihrem Tod weltweit Berühmtheit als größtes plastiniertes Lebewesen. Chianas Körper wird ebenfalls plastiniert und in

Scheiben geschnitten in der Ausstellung Körperwelten der Tiere[25] des Plastinators Gunther von Hagen präsentiert

Im Jahr 2005 wird das Neunkircher Stadtbuch, ein dicker Wälzer mit fast 800 Seiten im Leineneinband, herausgegeben. Das Neunkircher Stadtbad muss ein Jahr später wegen statischer Bedenken bezüglich der hängenden Dachkonstruktion geschlossen werden. Ende 2009 beginnen die Abrissarbeiten.

Der Neunkircher Oberbürgermeister Friedrich Decker wird 2009 von Jürgen Fried abgelöst.

Borussia Neunkirchen wird in den Jahren 2000, 2002 und 2005 Meister der Oberliga Südwest. Im Jahr 2002 gelingt zudem der Aufstieg in die Regionalliga Süd, dem nach nur einer Saison der direkte Wiederabstieg folgt.

Er wartet vor dem Ellenfeldstadion schon lange sehnsüchtig auf bessere Zeiten für Borussia Neunkirchen

Meine Gedanken und Erinnerungen an die Silvesternacht zur Jahrtausendwende haben in der folgenden kleinen Geschichte Platz gefunden:

Milleniumsgedanken

Hoch über meinem Kopf malt ein prächtiges Feuerwerk Funken versprühend überwältigende Lichtfiguren in den herrlichsten Farben an den nächtlichen Himmel, begleitet von lautem Zischen, Pfeifen, Knattern und ohrenbetäubenden Donnerschlägen.

In meinem Kopf spult sich parallel dazu ein Feuerwerk an Gedanken ab, Gedanken an knapp fünf Jahrzehnte, die nun schon hinter mir liegen. Erinnerungen an den kleinen Jungen, der in den Mauern dieser Stadt viel Platz zum Spielen hatte, an den Volksschüler in der Jägerschule und vier Jahre später an den Mittelschüler in der Haspelstraße.

Gedanken an den Teenager, an Jugendtanz mit Beatmusik im Kolpinghaus, im Gemeindehaus, im Bergmannsheim oder „beim Edde" in der Bergstraße, an tolle Neunkircher Bands wie die Snobs oder die Never Minds.

Ich sehe den Lehrling bei den Saarbergwerken vor mir, der 1966 auf Grube König zum ersten mal „Schaffkleider" und Unfallschuhe anzieht, der in Heinitz die Lehrwerkstatt besucht und in Grube Dechen seine erste Schicht Unter Tage macht.

Ich sehe den Fachoberschüler in der FOS an der Parkschule, der sich nach der Ausbildung zum Elektriker auf ein Studium der Elektrotechnik vorbereitet, davor noch den wehrpflichtigen Bundeswehrsoldaten, der mit 23 Jahren zusammen mit seiner Frau stolzer Besitzer eines kleinen Häuschens im Steinbrunnenweg wird und bis in die Nacht dort Leitungen verlegt, Wände vergipst und tapeziert.

Die Gedankenbilder scheinen sich irgendwie mit den funkelnden Lichtbildern am Himmel zu vermischen, Gedanken an den stolzen Vater von drei Kindern und an das Haus in der Parallelstraße, wo wir einige Jahre mit der Schwiegermutter und der Mutter unter einem Dach leben.

Gedanken auch an den Vater, der im St. Josefskrankenhaus in der Langenstrichstraße leider allzu früh sterben muss, dort, wo viele Jahre später die älteste Tochter und der Sohn zur Welt kommen.

Gedanken auch daran, was mir das neue Jahrtausend, das dritte nach Christi Geburt, alles bescheren wird. Hoffnungen, die sich mit Ängsten in meinem Kopf vermischen und mit einem gewaltigen Donnerschlag abrupt beendet werden, ebenso wie das atemberaubende Feuerwerk hoch über mir.

Die 2010er Jahre[26]

Der Arabische Frühling, der sich gegen die autoritären Regierungssysteme in der arabischen Welt und daraus resultierende Missstände richtet, führt zum Sturz der Staatsoberhäupter in Tunesien, Libyen und Ägypten. In Syrien und Libyen brechen Bürgerkriege aus. Ende 2011 verlassen amerikanische Streitkräfte den Irak, und nach dem Tod des nordkoreanischen Diktators Kim Jong-il tritt dessen Sohn Kim Jong-un seine Nachfolge an. 2013 gehen französische Streitkräfte in Nordmali gegen militante Islamisten vor. Beim Stadtmarathon in Boston kommt es zu einem Sprengstoffanschlag. Auf anhaltende Proteste in der Türkei gegen die autoritäre Politik der islamisch-konservativen Regierungspartei AKP reagiert Präsident Erdogan unter anderem mit entsprechenden Restriktionen in Bezug auf das Recht der freien Meinungsäußerung.

2014 erobert die Terrororganisation Islamischer Staat weite Teile des Iraks und Syriens. Die barbarische Schreckensherrschaft des IS erschüttert die Welt. Ein Jahr darauf beherrschen die Staatsschuldenkrise in Griechenland und die daraufhin geschnürten finanziellen Rettungspakete der EU lange Zeit die Schlagzeilen. Im September 2015 wird mit der Öffnung der deutschen Grenzen durch Bundeskanzlerin Angela Merkel die Flüchtlingskrise ausgelöst. Ein Jahr später stimmen die Briten mehrheitlich für einen Austritt Großbritanniens aus der Europäischen Union. Donald Trump wird zum 45sten Präsidenten der USA gewählt.

Problematische Ergebnisse bei der Bundestagswahl 2017 erschweren eine Regierungsbildung und führen nach anfänglichen Versuchen, eine Jamaika-Koalition zu bilden, erst nach Vermittlungsversuchen von Bundespräsident Steinmeier zur Fortsetzung der Großen Koalition. Unabhängigkeitsbestrebungen und ein entsprechendes Referendum im nordspanischen Katalonien führen zur so genannten Katalonien-Krise.

Im neuen Jahrzehnt kommt es zu einer Reihe von Unglücken und Katastrophen. Einem Erdbeben auf Haiti fallen 2010 schätzungsweise 300.000 Menschen zum Opfer. Im gleichen Jahr verunglückt der polnische Präsident Lech Kaczyński tödlich bei einem Flugzeugabsturz und eine Explosion der Bohrinsel Deepwater Horizon im Golf von Mexiko führt zur schlimmsten Ölkatastrophe der Vereinigten Staaten von Amerika.

Bei der Loveparade in Duisburg bricht eine Massenpanik aus, der 21 Menschen zum Opfer fallen. Der Ausbruch eines Vulkans auf Island legt den internationalen Flugverkehr lahm. In Pakistan löst ein schwerer Monsunregen großflächige Überschwemmungen aus, die etwa 2.000 Menschen den Tod bringen und Hunderttausende obdachlos machen. In Neuseeland ereignet sich 2011 ein schweres Erdbeben, das von einem noch stärkeren Beben in Japan mit einem Tsunami in Folge übertroffen wird und zur Atomkatastrophe von Fukushima führt. Ein Jahr später kollidiert das Kreuzfahrtschiff Costa Concordia vor der Insel Giglio mit einem Felsen, läuft auf Grund und bleibt mit einer schweren Schlagseite liegen. Das Schiffsunglück fordert 32 Todesopfer. Über 250 Menschenleben fordert auch ein Hurrikan in der Karibik und an der amerikanischen Ostküste. 2013 verlieren beim Untergang eines Flüchtlingsbootes vor der Mittelmeerinsel Lampedusa etwa 390 Flüchtlinge aus Afrika ihr Leben, während bei einem Taifun auf den Philippinen 6.000 Tote zu beklagen sind.

Dem Ebola-Fieber in Afrika fallen bis Mitte 2015 etwa 10.000 Menschen zum Opfer, während ein Erdbeben in Nepal über 8.000 Opfer zur Folge hat. Terroranschläge in Paris, Brüssel und Berlin erschüttern die Welt ebenso wie ein Erdbeben in Mexiko und ein verheerendes Selbstmordattentat in Mogadischu mit fast 600 Toten. Waldbrände im Amazonas-Regenwald und Buschbrände in Australien richten immense Schäden an. Der Brand von Notre Dame in Paris löst 2019 weltweites Entsetzen aus.

Die Wirtschaft leidet in diesem Jahrzehnt unter den Folgen der Eurokrise und der weltweiten Finanzkrise. In Deutschland werden der Atomausstieg und der Ausbau der erneuerbaren Energien beschlossen. Tabletcomputer erobern zunehmend den Markt und 3D-Drucker finden aufgrund stark gefallener Preise auch im privaten Bereich ihre Nutzer.

Die unbemannte Eroberung des Weltalls nimmt immer bedeutendere Dimensionen an, wie die Landung von Raumsonden auf dem Merkur, auf dem Mars und auf einem Kometen eindrucksvoll belegen.

Fernsehgeräte in immer größeren Dimensionen mit stetig höheren Bildschirmauflösungen sind der Renner, was allerdings keine besseren Inhalte der Sendungen zur Folge hat. Unvergessen bleibt allerdings der sensationelle Sprung aus dem All, den der Österreicher Felix Baumgartner aus einer unglaublichen Höhe von 39 Kilometern unversehrt übersteht, der auf n-tv zu sehen ist.

Im Kino locken 3D-Produktionen zunehmend Besucher an. Computergenerierte Helden wie *Hulk, Shrek, Pinocchio* oder *Ratatouille* begeistern das Kinopublikum genau so wie konventionelle Filme, beispielsweise *Der Medicus, Skyfall* oder *Independence Day.*

Lena Meyer-Landrut gewinnt 2010 mit *Satellite* den Eurovision Song Contest. Elektronische Tanzmusik und der *Gangnam Style* erobern die Charts ebenso wie die Sportfreunde Stiller oder Linkin Park.

Sportlich betrachtet glänzt Sebastian Vettel mit 4 WM-Titeln als neuer deutscher Star am Formel 1-Himmel, und 2014 können sich die deutschen Fußballer in Brasilien nach einem 1:0-Erfolg im Endspiel gegen Argentinien endlich den heiß begehrten vierten WM-Stern an ihre Trikots heften, während sie vier Jahre später in Russland bereits in der Vorrunde kläglich scheitern und das bisher mit Abstand schlechteste Ergebnis für eine deutsche Fußballnationalmannschaft erzielen.

+++++

Zum Jahresbeginn 2010 ist das alte Stadtbad komplett abgerissen und macht Platz für einen Einkaufsmarkt. Am 30. November 2012 wird die Neue Gebläsehalle im Alten Hüttenareal mit dem Musical Jedermann eröffnet. Neunkirchen verfügt damit über einen beeindruckenden Veranstaltungsort für bis zu tausend Besucher, in dem auch das Musicalprojekt Neunkirchen seine neue Heimat findet.

Blick auf den Hochofen 6 und die neue Gebläsehalle. Im
Hintergrund der Gasbehälter.

An der Blies wird Mitte 2015 im Bereich der
Bliespromenade mit dem Bau der Bliesterrassen[27]
begonnen. Das Flussbett wird verbreitert, zudem entsteht
eine terrassenförmige Aufenthaltszone mit einer
Freifläche am Nordufer. Der erste Bauabschnitt ist im
Oktober 2016 fertig. Der zweite Bauabschnitt am Südufer
beginnt im Herbst 2017 mit dem Aufbrechen der
südlichen Uferlinie und Anlegen begehbarer Rampen
sowie einer Bühne direkt über der Wasseroberfläche.

2010 qualifiziert sich die Handball-Damenmannschaft
des TUS 1860 Neunkirchen für die neu gegründete Dritte
Liga, aus der sie sich nach der Saison 2012/13 aufgrund
sportlicher und finanzieller Probleme wieder zurückzieht.
Einen traurigen Rückschritt muss 2017 auch Borussia

Neunkirchen vermelden. Der ehemalige Bundesligist aus den 60er Jahren, dessen Weg seitdem leider immer weiter abwärts gegangen ist, muss die Oberliga Südwest als Absteiger verlassen und findet sich in der Saarlandliga wieder.

Zum 1. Oktober 2019 löst der bisherige Bürgermeister Jörg Aumann seinen Vorgänger Jürgen Fried als Oberbürgermeister ab.

Was ich so alles beim Gassigehen mit Charly, unserem rumänischen Straßenhund erlebe, den wir im August 2017 adoptiert haben, ist in der folgenden Geschichte zu lesen:

Unterwegs mit Charly

Die Rotphase an der Fußgängerampel zwischen Lübbener Platz und Stummplatz will mal wieder nicht enden. Charly sitzt geduldig neben mir und wartet auf mein Kommando, derweil ich stadtplanerische Alternativen an dieser Ewigkeitsampel entwickle.

Ich sperre kurz entschlossen die Lindenallee ab der Einmündung Brückenstraße und leite den Verkehr über diese, die Wellesweiler-Straße und die Gustav-Regler-Straße ums Einkaufcenter herum. So schaffe ich einen zusammenhängenden verkehrsfreien Platz in der Stadtmitte, der nicht mehr von der Lindenallee zerschnitten wird. Allerdings steht zu befürchten, dass auch dieser Vorschlag bei den Stadtoberen keinen Zuspruch finden wird. Sei's drum, dann lasse ich einfach eine Glasbrücke über die Lindenallee bauen, parallel zu der, die nur 50 Meter weiter vom Center ins Parkhaus Nord führt, natürlich eine besonders schöne und elegant geschwungene mit Rollband, in der man bequem und gefahrlos über die Lindenallee schweben kann.

Apropos Schweben, meinen Vorschlag, eine Gondelbahn den Hüttenberg hinauf zu bauen, haben die von der Stadt auch noch nicht umgesetzt, obwohl ich sie in „STUMM-DENK-MAL" doch ausführlich beschrieben hatte.

Endlich schaltet die Ampel auf Grün und reißt mich aus genialen stadtplanerischen Ideen. Es regnet und Charly, der Regenmuffel, hat es daher eilig, ins Center zu kommen. Wir schlendern durch die Mall bis zum Lebensmittelmarkt. Dort bedeutet mir Charly mit einem Blick, der keinen Widerspruch duldet, mich auf eine der Bänke zu setzen, um dort mit ihm auf Mama zu warten. Nein, nicht auf meine Mama, sondern auf Charlys Mama. Bitte nicht falsch verstehen, wir haben nicht auch noch Charlys Mama aus Rumänien adoptiert, das wäre wirklich zu viel für uns gewesen. Mit Charlys Mama meine ich Rosi, meine Frau. Sagen Sie jetzt bitte nicht: „Ach so, sein Frauchen", denn das mag Rosi genau so wenig wie ich das Herrchen. Wir beide sind nun mal mit Leib und Seele Mama und Papa für unsere Vierbeiner, für Charly und für die beiden Kater Rocky und Henry.

Hin und wieder treffen Charly und ich seine Mama im Center, und wenn er sie dann freudig begrüßt, was er immer tut, gibt es ein extrafeines Leckerli für ihn. Doch obwohl ich Charly gebetsmühlenhaft versichere, dass seine Mama heute bestimmt nicht ins Center kommen wird, ignoriert er meine mehrfache Aufforderung, endlich weiterzugehen, und bleibt einfach stur neben der Bank sitzen. So viel zum Thema konsequente Hundeerziehung.

„Oh mein Gott, was ist der süß", höre ich plötzlich eine sanfte Frauenstimme. Vor mir steht eine attraktive

Enddreißigerin und strahlt mich mit einem hinreißenden Lächeln an. „Verraten Sie mir bitte den Namen?", fragt sie.

Endlich mal eine Frau von Format, mit einem exzellenten Geschmack, schießt es mir spontan durch den Kopf, doch dann bemerke ich erst, dass sie damit den Hund meint, während sie für mich nur einen mitleidigen Blick übrig hat. Charly hat dagegen ausgesprochen gute Chancen bei den Damen. Nun ja, das Leben kann zuweilen hart und ungerecht sein.

Derart ernüchtert verlasse ich samt rumänischem Schönling den Einkaufstempel wieder. Draußen beäugt Charly noch ein paar Minuten das Treiben auf dem Stummplatz, um mir dann mit unmissverständlichen Blicken zu signalisieren, dass er den Hüttenberg zum Gipfelsturm auserkoren hat.

Die 2020er Jahre[28]

Zum Zeitpunkt der Veröffentlichung dieses Buchs hat das neue Jahrzehnt gerade erst zwei Jahre „auf dem Buckel", sodass es noch nicht allzu viel darüber zu berichten gibt.

Der Brexit wird Realität. Großbritannien scheidet zum 31. Januar 2020 aus der EU aus. Im gleichen Jahr tritt Nordmazedonien der NATO als 30. Mitglied bei. Joe Biden wird im Januar 2021 als 46. Präsident der Vereinigten Staaten von Amerika vereidigt. Im August 2021 bringen die Taliban die Hauptstadt Kabul und weite Teile Afghanistans unter ihre Kontrolle. Am 8. Dezember löst Olaf Scholz als Bundeskanzler seine Vorgängerin Angela Merkel ab. Im Februar 2022 eskaliert der Ukrainekonflikt und weitet sich durch den russischen Einmarsch am 24. Februar zum Russisch-Ukrainischen Krieg[29] aus.

Die Covid-Pandemie löst 2020 eine Wirtschaftskrise aus. Pandemiebedingt werden weltweit viele Veranstaltungen abgesagt oder verschoben.

Erdbeben in der Türkei und bei Zagreb, Buschbrände in Australien sowie Tornados und schwere Stürme in den USA fordern Menschenleben und richten schwere Schäden an. Eine gewaltige Explosion im August 2020 im Hafen von Beirut erschüttert die Welt.

Am 21. Oktober 2020 wird der Flughafen BER in Berlin nach 14 Jahren Bauzeit eröffnet.

Italien gewinnt die Fußball-Europameisterschaft 2021. Die Olympischen Sommerspiele 2020 finden in Tokio erst ein Jahr später statt.

++++++

Am 26. Juni 2020 wird der 1970 errichtete Scheiben-
gasbehälter in Neunkirchen gesprengt. Der fünf-
undsiebzig Meter hohe Gasbehälter mit der Aufschrift
„Neunkircher Stahl" galt Jahrzehnte als Wahrzeichen
und weithin sichtbare Landmarke der Stadt. Er muss
dem Neubau eines Globus-Marktes weichen, der knapp
zwei Jahre später eröffnet wird.

Der Kaufhof im Herzen der Stadt schließt im Oktober
2020 für immer seine Türen. Das seitdem leer stehende
Gebäude wird im Frühjahr 2022 von der Stadt
Neunkirchen erworben.

Mit der folgenden Geschichte möchte ich meine
hundertjährige Zeitreise abschließen:

Der kleine und der große Jesus

*Immer wenn ich über den Vorplatz der Marienkirche gehe,
wandert mein Blick zuerst hoch hinauf zum Kreuz auf der
Kirchturmspitze und dann langsam wieder nach unten,
vorbei an der Turmuhr mit den goldenen römischen Zahlen
und Zeigern über dem schwarz-roten Zifferblatt, die das
Dreieck unter dem Turmdach schmückt. Ich lasse den
Blick weiter hinabschweifen, vorbei an offenen, verglasten
und zugemauerten Fensterbögen bis hinunter zu den drei
imposanten Eingangsportalen mit den mächtigen
Holztoren.*

*Ein paar Meter weiter rechts steht das Pfarrhaus, das
mit seinem weißen Außenputz einen farbigen Kontrast
zum Kirchenbau aus Sandstein bildet, dessen ursprüng-*

lich rotbraune Sandsteinfarbe im Laufe der Zeit an immer mehr Stellen mit einer dunklen Rußschicht bedeckt ist, was die Schönheit der Marienkirche aber keineswegs beeinträchtigt.

Die Zeit macht angeblich nur vor dem Teufel halt, der von Jesus Christus nach seiner Auferstehung vor über 2000 Jahren in die Schranken gewiesen wurde. Und diese Lichtgestalt steht hoch oben auf einem Torbogen zwischen der Marienkirche und dem Pfarrhaus mit einem Hirtenstab in der rechten Hand und einem kleinen Lamm auf der linken Schulter.

Der Begriff Lamm Gottes kommt mir spontan in den Sinn, das als Osterlamm ein Symbol für die Auferstehung von Jesus Christus drei Tage nach seiner Kreuzigung darstellen soll. Warum deshalb aber jedes Jahr an Ostern so viele unschuldige Lammkinder ihr Leben auf grausame Art und Weise lassen müssen, nur wegen eines *traditionellen Ostermahls an den Feiertagen, will mir einfach nicht in den Sinn. Und ich bin mir ziemlich sicher, dass das wohl auch kaum im Sinne dessen ist, der dieses Lämmchen doch so liebevoll auf seiner Schulter trägt.*

Über viele Jahrzehnte haben Staub und Ruß der ehemaligen Hüttenstadt sowie Autoabgase ihre Spuren auch auf der Jesusfigur mit dem Lamm hinterlassen und ihr einen schmutzig-beigen Teint verpasst. Dennoch ist sie wunderschön und ich wundere mich, warum die meisten Menschen achtlos an ihr vorbeigehen, vielleicht, weil sie einem nicht gerade direkt ins Auge fällt und weil man seinen Blick schon ein bisschen nach oben richten muss. Warum ich mich dagegen bei jedem Vorbeigehen vergewissern muss, dass sie noch an ihrem Platz steht, weiß ich selbst nicht genau. Jedenfalls ist mir dieser Jesus, der das kleine Lamm so liebevoll und behutsam trägt, einfach ans Herz gewachsen in all den Jahren.

Das gilt gleichermaßen auch für den kleinen Jesus an der rechten Flanke der Marienkirche, der kaum wahrnehmbar mit leicht ausgebreiteten Armen hinter dem Pfarrhaus steht und auf die Wiese vor seinen Füßen blickt. Ob er dort einen Vogel, ein Eichhörnchen oder gar eine Maus beobachtet? Ich weiß es nicht. Ich komme leider auch nicht näher heran an ihn, weil ein Zaun das verhindert. Immerhin ist der Kleine, der liebe Gott möge mir diese Bemerkung verzeihen, jetzt deutlich besser zu sehen, nachdem er sich eine ganze Weile im Laub einer Hecke halb versteckt hatte. Doch dazu hat er eigentlich nicht den geringsten Grund, der nicht minder schöne kleine Jesus, der sich mit einer Grünspanschicht seiner Umgebung offenbar anzupassen versucht, vermutlich, weil er nicht so gerne im Rampenlicht steht, was ich eigentlich jammerschade finde. Ich sage ihm das zwar jedes Mal, wenn ich am Zaun vorbeischlendere, um ihn etwas weiter nach vorne zu locken. Doch der kleine Jesus ignoriert mich jedes Mal und bleibt weiterhin bescheiden im Hintergrund. Nicht umsonst heißt es daher wohl in der Bibel: „Weisheit ist bei den Bescheidenen!"

Weitere Veröffentlichungen
mit Bezug zur Stadt Neunkirchen

Verlag Books on Demand GmbH
Taschenbuch ISBN: 978-3750409217
auch als E-Book erhältlich

Die Autoren zeichnen in dieser hochwertigen Hardcover-Ausgabe ein Portrait ihrer Heimatstadt Neunkirchen mit allen zehn Stadtteilen. Mit fast100 Farbfotos in brillanter Auflösung auf hochwertigem Fotopapier, Geschichten, Gedichten und Erinnerungen ist ein in dieser Form einzigartiges Gesamtbild der ehemaligen Hüttenstadt entstanden.

"Neunkirchen - Ansichten, Geschichten, Erinnerungen" bietet nicht nur Interessantes als Bildband und Reiseführer, sondern enthält auch eine Auswahl von heiteren und besinnlichen Geschichten und Gedichten mit Bezug zur Stadt.

Verlag Books on Demand GmbH
Taschenbuch: ISBN978-3848217854
auch als E-Book erhältlich

Eine globale Wirtschaftskrise irgendwann in der Zukunft, von der auch die Stadt Neunkirchen betroffen ist. Bei einem nächtlichen Spaziergang, in Gedanken nach einer rettenden Lösung für seine Stadt versunken, fällt der Oberbürgermeister vor dem Stummdenkmal auf die Knie und fleht den Freiherrn Karl-Ferdinand von Stumm in seiner Verzweiflung um Hilfe an. Damit erweckt er den ehemaligen Stahlbaron auf wundersame Weise zu neuem Leben.

Verlag Books on Demand GmbH
Taschenbuch: ISBN978- 3754371916
auch als E-Book erhältlich

Viele Jahrzehnte lagen sie völlig vergessen in einem Schrank, Briefe und Fotos aus den Weltkriegen und der Nachkriegszeit, bewegend und erschütternd zugleich. Nur per Zufall hat sie der Autor bei einer Aufräumaktion entdeckt. Briefe seines Großvaters und seiner Eltern, in denen die ganze Abscheulichkeit und Grau-samkeit dieser historischen Ereignisse am Beispiel persönlicher Schicksale zum Ausdruck kommen. Dokumente, die unter die Haut gehen und daher als Mahnmale vor jeder Art von kriegerischer Auseinandersetzung auch der Öffentlichkeit zugänglich gemacht werden sollen.

Verlag Books on Demand GmbH
Taschenbuch: ISBN978- 3752858501
auch als E-Book erhältlich

Die Küsterin von St. Marien, die gerade mit der Vorbereitung eines Festgottesdienstes beschäftigt ist, sieht sich in der Marienkirche plötzlich einer geheimnisvollen Erscheinung gegenüber. Dies löst ein außergewöhnliches Erlebnis für sie aus.

Eine heitere und besinnliche Geschichte mit Mundartdialogen.

******

Einen Überblick über alle bisher von mir veröffentlichten Werke finden Sie übrigens auf meiner Autorenseite bei Amazon. Werfen Sie dort doch einfach mal einen Blick in meine Schmökerkiste. Unter anderem finden Sie auch ein paar kostenloses E-Books zum Herunterladen.
https://www.amazon.de/Raimund-Eich/e/B004EBE93A?ref=sr_ntt_srch_lnk_2&qid=1590259737&sr=8-2

Quellenangaben

Alle nachfolgend aufgeführten Links wurden im Mai 2022 aufgerufen.

[1] https://www.neunkirchen.de/index.php?id=100-jahre

[2] https://de.wikipedia.org/wiki/1920er

[3] https://de.wikipedia.org/wiki/Saargebiet

[4] Neunkirchen (Saar) – Wikipedia

[5] https://de.wikipedia.org/wiki/Neunkircher_Verkehrs-Gesellschaft

[6] https://de.wikipedia.org/wiki/Borussia_Neunkirchen

[7] https://de.wikipedia.org/wiki/Ellenfeldstadion

[8] 1930er – Wikipedia

[9] https://de.wikipedia.org/wiki/Gasometerexplosion_in_Neunkirchen_(Saar)

[10] https://de.wikipedia.org/wiki/1940er

[11] https://de.wikipedia.org/wiki/Saarland

[12] https://nvg-neunkirchen.de/wir-ueber-uns/die-geschichte-der-nvg

[13] https://de.wikipedia.org/wiki/1950er

[14] https://de.wikipedia.org/wiki/TuS_1860_Neunkirchen

[15] https://www.saar-nostalgie.de/TagX.htm

[16] https://de.wikipedia.org/wiki/1960er

[17] https://de.wikipedia.org/wiki/TuS_1860_Neunkirchen

[18] https://de.wikipedia.org/wiki/1970er

[19] https://www.saar-nostalgie.de/Strassenbahn3.htm

[20] https://de.wikipedia.org/wiki/1980er

[21] https://de.wikipedia.org/wiki/1990er

[22] https://de.wikipedia.org/wiki/Jay-Jay_Okocha

[23] https://borussia-neunkirchen.de/das-buch-das-den-borussen-leo-wieder-zum-leben-erweckt/

[24] https://de.wikipedia.org/wiki/2000er

[25] https://koerperwelten.de/ausstellungen/tiere/

[26] https://de.wikipedia.org/wiki/2010er

[27] https://www.staedtebaufoerderung.info/DE/ProgrammeVor2020/Stadtumbau/Praxis/Praxisbeispiele/Neunkirchen/Neunkirchen.html

[28] https://de.wikipedia.org/wiki/2020er

[29] https://de.wikipedia.org/wiki/Russisch-Ukrainischer_Krieg